Gewaltfreiheit, Politik und Toleranz im Islam

Jörgen Klußmann
Muhammad Sameer Murtaza
Holger-C. Rohne · Yahya Wardak (Hrsg.)

Gewaltfreiheit, Politik und Toleranz im Islam

Herausgeber
Jörgen Klußmann
Evangelische Akademie im Rheinland
Bad Godesberg, Deutschland

Muhammad Sameer Murtaza
Bad Kreuznach, Deutschland

Holger-C. Rohne
Heidelberg, Deutschland

Yahya Wardak
Afghanic e.V., Vorsitzender
Afghanistan Information Center
Bonn, Deutschland

ISBN 978-3-658-10486-3   ISBN 978-3-658-10487-0 (eBook)
DOI 10.1007/978-3-658-10487-0

Die Deutsche Nationalbibliothek verzeichnet diese Publikation in der Deutschen Nationalbibliografie; detaillierte bibliografische Daten sind im Internet über http://dnb.d-nb.de abrufbar.

Springer VS
© Springer Fachmedien Wiesbaden 2016
Das Werk einschließlich aller seiner Teile ist urheberrechtlich geschützt. Jede Verwertung, die nicht ausdrücklich vom Urheberrechtsgesetz zugelassen ist, bedarf der vorherigen Zustimmung des Verlags. Das gilt insbesondere für Vervielfältigungen, Bearbeitungen, Übersetzungen, Mikroverfilmungen und die Einspeicherung und Verarbeitung in elektronischen Systemen.
Die Wiedergabe von Gebrauchsnamen, Handelsnamen, Warenbezeichnungen usw. in diesem Werk berechtigt auch ohne besondere Kennzeichnung nicht zu der Annahme, dass solche Namen im Sinne der Warenzeichen- und Markenschutz-Gesetzgebung als frei zu betrachten wären und daher von jedermann benutzt werden dürften.
Der Verlag, die Autoren und die Herausgeber gehen davon aus, dass die Angaben und Informationen in diesem Werk zum Zeitpunkt der Veröffentlichung vollständig und korrekt sind. Weder der Verlag noch die Autoren oder die Herausgeber übernehmen, ausdrücklich oder implizit, Gewähr für den Inhalt des Werkes, etwaige Fehler oder Äußerungen.

Lektorat: Frank Schindler, Monika Mülhausen

Gedruckt auf säurefreiem und chlorfrei gebleichtem Papier

Springer Fachmedien Wiesbaden ist Teil der Fachverlagsgruppe Springer Science+Business Media
(www.springer.com)

Inhalt

Jörgen Klußmann
Vorwort und Begründung: Warum ich als Christ für den Dialog
mit Muslimen eintrete   7

Dr. Yahya Wardak
Vorwort   17

Jörgen Klußmann
Der Prophet, seine Offenbarung und Sendung   19

Muhammad Sameer Murtaza
Das islamische Recht. Quellen – Genese – Niedergang   31

Jörgen Klußmann
Warum der Islam kein originäres politisches System
entwickelt hat   45

Muhammad Sameer Murtaza
Islamische Toleranz im Konflikt – Konzeptionen eines
umstrittenen Begriffes   63

Muhammad Sameer Murtaza
Die Demokratisierung der muslimischen Welt   81

Dr. Holger-C. Rohne
Sulha - Gewaltfreie traditionelle Konfliktbeilegung am Beispiel
der palästinensischen Praxis   103

Mohammed Sameer Murtaza
Eine Ethik der Gewaltlosigkeit – Ein Ansatz des syrischen
Gelehrten Jawdat Sa'id   123

Dr. Yahya Wardak
Abdul Ghaffar Khan. Wie ein Weggefährte Gandhis die
Gewaltlosigkeit im Islam begründet   141

Jörgen Klußmann
Ausblick   151

°Jörgen Klußmann

Vorwort und Begründung: Warum ich als Christ für den Dialog mit Muslimen eintrete

Die Entwicklung, der historische Hintergrund

In der westlichen Welt gilt der Islam gemeinhin als eine „gewalttätige" Religion. Die Ursache liegt in den zahlreichen furchtbaren Ereignissen, die mit dem Islam in den letzten vierzig Jahren immer wieder in Verbindung gebracht wurden. Vielleicht kam mit der Geiselnahme und Tötung israelischer Sportler 1972 bei den Olympischen Sommerspielen in München durch palästinensische PLO-Attentäter erstmals in jüngerer Zeit ein anti-islamisches Ressentiment auf - obwohl sich die Täter weder auf den Islam beriefen, noch alle Muslime waren. Mit dem Sturz des Schahs und dem Sturm auf die US-Botschaft in Teheran 1979 und der anschließenden Geiselnahme von US-Botschaftsangehörigen war zunächst insbesondere das Mullah-Regime im Iran das Feindbild, das vor allem für religiösen Fanatismus stand. Das ausschlaggebende Argument gegen den Islam lieferten für die westliche Welt vermutlich die Anschläge vom 11. September 2001 und die Folgeattentate in Madrid, London, Mumbai, Boston oder anderswo.

Alle diejenigen, die am 11. September vor dem Bildschirm waren, den Zusammensturz und die Szenen der aus den Fenstern springenden Personen live mit ansehen mussten, sind bis heute traumatisiert. Die Attentäter bekannten sich anscheinend alle zum Islam. Doch wer waren die Hintermänner? Wer konnte eine solche Logistik gewährleisten und wer hat dafür gesorgt, dass bis heute unklar ist, was damals wirklich geschah? Der von den USA verantwortlich gemachte Osama bin Laden ist inzwischen tot und kann nichts mehr dazu sagen. Viele Beweise wurden vernichtet oder liegen unter Verschluss. Noch immer umgibt das Ganze eine Aura der Verschwörung - aber welche und zu wessen Gunsten bzw. respektive Ungunsten?

Klar ist: Seitdem hat sich alles verändert. Kurz darauf bombardierten amerikanische Flugzeuge Gebiete in Afghanistan, in denen Bin Laden vermutet wurde und wo er sich offensichtlich auch aufhielt. Es folgten schließlich die Invasion im Irak und der Sturz des Diktators Saddam Hussein und seines Regimes. Die Bush-Administration tat dabei etwas, was nie zuvor westliche Vertreter bisher gewagt hatten. Sie legte vor dem UN-Sicherheitsrat falsche Beweise vor, um in den Irak einmarschieren zu können. Im eigenen Land wurden Bürgerrechte dagegen eingeschränkt, während Sicherheitskräfte mehr Spielraum erhielten. Eine Atmosphäre der Unsicherheit und Repression entstand – auch bei den westlichen Verbündeten der USA.

Der Krieg gegen den Terror steht für das erste dunkle Kapitel zu Beginn des 21. Jahrhunderts. Die Sicherheitslage im Nahen und Mittleren Osten verschärft sich seitdem dramatisch - weniger wegen des Dauerkonflikts zwischen Israel und Palästina, sondern durch die Kriege in Afghanistan und im Irak und dem Bürgerkrieg in Syrien. Die jüngsten Luftangriffe einer west-östlichen Allianz aus USA, Großbritannien, Frankreich und arabischen Verbündeten im Irak und in Syrien sind Ausdruck einer kontinuierlichen Entwicklung, die weiter auf gewalttätige Konfrontation setzt – ebenso wie die Terroristen selbst.

Dabei haben die USA und ihre Verbündeten insbesondere im Irak selbst in hohem Maße gegen das Völkerrecht verstoßen. Die unsäglichen Bilder von Misshandlungen von Gefangenen durch US-amerikanische Soldaten gingen um die Welt. Der Zorn der arabischen und islamischen Welt kannte daraufhin keine Grenzen. „Auge um Auge, Zahn um Zahn" schien das neue Motto der Terroristen, Guerillas und Widerstandskämpfer zu sein. Für George W. Bush, der selbst einer fundamentalistischen Freikirche angehört, waren die Angriffe auf den Irak und Afghanistan eher eine Vergeltung als eine Strafaktion.

Als Reaktionen der Terroristen gab es noch mehr und noch größere Anschläge, wie Madrid und London. Zwischenzeitlich haben sich die westlichen Truppen aus dem Irak zurück gezogen und in Afghanistan auf ein Minimum reduziert. Doch die andauernden Krisen werden sie auch weiterhin in der Region militärisch binden.

Die Lage ist mehr als ein Jahrzehnt nach den Anschlägen des 11. Septembers weiterhin gespannt. Muslime stehen nach wie vor unter Generalverdacht und unter enormen Druck. Der so genannte „Arabische Frühling" in Ägypten, Bahrein, Libyen oder Tunesien war vermutlich leider nur ein Hoffnungsfunke, der allzu kurz aufglühte und nichts an dem Generalverdacht änderte.

Die Medien berichten immer wieder von Anschlägen, die radikalislamistische Terroristen in aller Welt verüben. Über die Jahre hat sich der Eindruck verfestigt, dass nicht nur der Islam eine Gewalt verherrlichende Religion sei, sondern dass Muslime potentiell gewaltbereite „Schläfer" seien, die sich und andere in die Luft sprengen.

Nicht genug damit, dass dieses Bild vom gewalttätigen Islam in den letzten Jahren auch mehr und mehr in Deutschland die öffentliche Wahrnehmung prägt. Inzwischen haben auch rechte und rechtsextreme Bewegungen das Feindbild Islam für sich entdeckt und nutzen es für ihre eigenen Zwecke im Kampf gegen alles Fremde und Andere. Spätestens seit der Aufdeckung der Anschläge des Nationalsozialisten Untergrunds (NSU) wissen wir von anti-islamischem Gegen-Terror. Aber auch rechtspopulistische Bewegungen wie Pro NRW nutzen das Feindbild, das die Medien schon seit Jahren aufgebaut haben.

Zahlreiche Studien belegen, dass die Islamphobie in der Bevölkerung wächst. Warum also für den christlich-islamischen Dialog eintreten? Weil es Zeit ist, eine Grenze zu ziehen. Zum einem, um zwischen nichtgewalttätigen und gewalttätigen Muslimen zu unterscheiden und nach den wahren Ursachen der Gewalt zu forschen. Zum anderen, weil es an der Zeit ist, sich einzugestehen, dass alle militärischen Maßnahmen nichts fruchteten und dass wir nun endlich beginnen sollten, miteinander zu reden.

Die kulturellen Leistungen des Islam

Die großen semitischen Religionen bekennen sich zu ihrem gemeinsamen Stammvater Abraham. Der Bund, den Abraham mit Gott schloss, gilt für seine Nachfahren, Juden, Christen und Muslime, gleichermaßen. Gemeinsam berufen sie sich auf den einen grenzenlosen Gott Abrahams. In der biblischen Tradition ist Abraham der Stammvater Israels durch seinen Sohn Isaak, auf den sich Juden und Christen berufen. In der muslimischen Tradition ist Abraham vor allem der Vater seines älteren Sohnes Ismael, den er mit seiner Nebenfrau Haggar hatte und der als Stammvater der Muslime gilt. Doch wie bei allen großen Familien ist der Streit innerhalb der Familie und Verwandtschaft meist am größten.

Es ist an der Zeit, daran zu erinnern, dass Gewalt und Terror, die den Namen des Islams und des Propheten missbrauchen, nicht das wahre Gesicht einer Religion und Glaubensgemeinschaft offenbaren, die bereits im 8. Jahrhundert in Andalusien in der Lage war, Straßenbeleuchtung, Müllabfuhr, medizinische Versorgung und öffentliche Bibliotheken bereit zu stellen. Islamische Wissenschaftler entwickelten die Architektur, die Mathematik, die Medizin, die Philosophie und viele andere Wissenschaften weiter. Der Islam war vom 7. bis zum 12. Jahrhundert der maßgebliche Motor der Aufklärung und des Fortschritts auf der ganzen Welt. Europa und die westliche Welt verdanken dem Islam viele Erkenntnisfortschritte, doch dies droht heute in Vergessenheit zu geraten. Ob es die Zahl „Null", der Kuppel-Bau, die Laute oder wichtige Zeugnisse der griechischen oder islamischen Philosophie sind - seine Zivilisation und Religion haben ihren Beitrag in der Menschheitsgeschichte hinterlassen und somit Anerkennung verdient. Welche Ironie, das gerade in jener Zeit, die für Europa nicht zu Unrecht das „dunkle Mittelalter" genannt wird, die islamische Welt eine Blütezeit der Aufklärung und des geistigen und kulturellen Fortschritts durchlief, von dem wir alle – auch Europa und Amerika – bis heute profitieren.

Wer also heute Menschen, die als Muslime geboren wurden oder sich bewusst für die Konversion zum Islam entschieden haben, nur mit Ressentiments wahrnehmen kann, dem fehlt es auch an Einsicht in die Geschichte und die Tradition des Kontinents, auf dem wir leben. Wer aber Muslim ist und sich fragt, wie er sich entscheiden soll - ob für oder gegen Gewalt, der frage sich, ob er an alte Größe anschließen möchte oder für die nächsten hundert Jahre in der gleichen Dunkelheit leben möchte, wie die Christen im tausendjährigen Mittelalter.

Der Umgang Deutschlands mit den Muslimen

Der Islam hat schon früh tiefe Spuren etwa in der Architektur, der Philosophie und der Mathematik auch bei uns in Deutschland hinterlassen, selbst in der Sprache. Viele Lehnwörter wie Honig, Magazin, Zucker usw. belegen dies. Sie sind zu uns über die Kreuzfahrer gekommen, die im Orient waren. Ob der Islam damit automatisch zu Deutschland gehört, wie es einmal ein Bundespräsident gesagt hat, bleibt dahin gestellt. Ich denke, dass es dafür vermutlich beim Großteil der Bevölkerung den Nachweis braucht, dass Muslime ohne jede Einschränkung die deutschen Gesetze achten und ihre Religion vor allem als barmherzige und friedliebende Religion verstehen und leben, so wie es der Münsteraner islamische Theologe Mouhanad Khorchide fordert.[1]

Wie aber lässt sich beweisen, dass der Islam und die Muslime in der Mehrzahl nicht das Klischee der Gewalttätigkeit bedienen? Wie lässt sich zeigen, dass die Gewaltvermeidung und die Wahrung des Friedens auch im Islam das höhere Gebot ist, so wie im Christen- und Judentum und in anderen Religionen auch? Mit konkreten Beispielen aus der Theologie und Philosophie, der Rechtsprechung und der Geschichte belegt dieses Buch, dass der Islam genauso viel oder genauso wenig gewalttätig ist wie andere Religionen. Gleichzeitig macht es deutlich, dass der Islam zum

---

[1] Khorchide, Mouhand: Islam ist Barmherzigkeit – Grundzüge einer modernen Religion, München 2013

Frieden befähigt und beauftragt ist. Er kann friedlich ko-existieren und ist prinzipiell auch in einer muslimischen Mehrheitsgesellschaft zu Demokratie und Religionsfreiheit fähig.

Es bleibt zu betonen, dass die Mehrzahl der Muslime Terror und Gewalt ablehnen, das zeigen schon diese wenigen Zahlen:

In Deutschland gibt es derzeit je nach Quellenlage zwischen 3,5 und 4,5 Millionen Menschen islamischen Glaubens - Tendenz steigend. Die meisten sind arabischer oder türkischer Herkunft. Viele von ihnen haben die deutsche Staatsangehörigkeit.

Radikale Stimmen wurden hier erst laut, nachdem man erfuhr, dass islamische Gemeinden als Religionsgemeinschaft rechtlich nicht gleichberechtigt mit den christlichen Kirchen sind, besonders aber nach dem Einsetzen von Repressalien und dem wachsenden öffentlichen Druck, sowohl innerhalb der eigenen muslimischen Gemeinde als auchdurch die Mehrheitsgesellschaft.

Die Anhänger und Mitglieder radikaler islamischer Gruppierungen wurde 2013 vom Verfassungsschutz auf etwa 43.200 geschätzt, davon 5.500 Anhänger salafistischer Bestrebungen. Sie liegen also bei etwas mehr als einem Prozent innerhalb der in Deutschland lebenden Muslime.

Die Anfälligkeit für radikales Gedankengut gibt es sicherlich über diesen Personenkreis hinaus, nicht so sehr aus Überzeugung, als vielmehr aus Angst. Angst vor eben jenen wenigen radikalen Kräften, die durch Agitation im Internet, aber auch in den Moschee-Gemeinden die Fronten verschärfen. So ist es ihnen gelungen auch unter hier lebenden Muslimen ein Klima der Unsicherheit und der Angst zu schüren.

Das Problem der Glaubensübermittlung und die theologische Reflexion

Die meisten Muslime in Deutschland kamen hierher, um zu arbeiten und in Ruhe und Frieden zu leben. Um ihren Glauben leben und ausüben zu können, entstanden kleine Hinterhofmoscheen, in denen in erster Linie gebetet und die Jugend unterrichtet wird, aber keine tiefere Reflexion der theologischen Grundgedanken und Texte stattfindet.

Das Verständnis der archaischen Sprache in den heiligen Schriften ist für einen modernen Menschen nicht einfach. Allein der Zeitunterschied von rund 1400 Jahren zwischen der „Niederschrift" und der heutigen Lektüre dürfte verdeutlichen, dass eine buchstabengetreue Auslegung oder Interpretation unrealistisch ist. Abgesehen davon funktioniert der menschliche Geist anders. Worte lösen Bilder aus, die unweigerlich interpretiert und in den jeweiligen Kontexten verstanden werden. Die Texte bedürfen also einerseits der Einordnung in ihre Entstehungszeit und andererseits der Übersetzung in unsere Zeit. Sogar das vermeintlich wortwörtliche Verständnis der Fundamentalisten mit den Texten ist letztlich eine Interpretation.

Im Falle des Qur'an kommt aber noch ein weiteres Problem zum Tragen: Viele Muslime misstrauen Übersetzungen in ihren eigenen gesprochenen Sprachen, weil das Arabisch des Qur'an nach orthodoxem Verständnis die Sprache Gottes ist und nicht übersetzt werden darf. Viele Muslime, z.B. Indonesier, Kurden, Perser oder Türken verstehen deshalb den Qur'an gar nicht, weil sie ihn in den Qur'an-Schulen einfach Sure per Sure auswendig gelernt haben, ohne deren Sinn richtig zu verstehen. Die Auslegung obliegt dann einfach dem örtlichen Imam oder Mullah, der meist keine formale Ausbildung genossen hat. Ohne genaue Sprachkenntnis bleibt die Hermeneutik und das Wissen über den Inhalt der Glaubenslehre aber immer eingeschränkt und anfällig für Manipulation.

Ein weiteres Problem ist die fehlende Autorität theologischer Lehrmeinungen. Anders als im Christen- oder Judentum kennt der Islam keinen verbindlichen Kanon der Auslegung und anerkannte Institutionen, die für deren Einhaltung verantwortlich sind. Zwar gibt es das Fach islamische Theologie, doch wird diese innerhalb der islamischen Welt nur von wenigen anerkannten Einrichtungen wie der altehrwürdigen Al-Azhar-Universität in Kairo, gelehrt, erforscht und weiter entwickelt. Unabhängig davon gibt es aber zahlreiche „Gelehrte" und zahlreiche Schulen und Einrichtungen, die ausbilden, die aber von keiner seriösen staatlichen oder religiösen Stelle überprüft und anerkannt worden sind. Die Bundesregierung hat dankenswerter Weise durch die Initiative des damaligen Innenministers Wolfgang Schäuble die Deutsche Islam Konferenz einberufen, die Vertretern der islamischen Organisationen und staatlichen Vertretern die Chance zum Dialog bietet. Ihr wohl bedeutendster Erfolg war die Einrichtung islamisch-theologischer Lehrstühle in Deutschland.

Moderne Islamwissenschaft befasst sich u.a. mit der Entstehung der einzelnen Suren. Ob sie in Mekka oder Medina offenbart wurden, macht einen Unterschied, gelten doch die mekkanischen Suren eher als friedfertig, wogegen die medinensischen Suren häufig als kriegerisch verstanden werden. Und weil sie später offenbart worden seien, wären es die letztgültigen Offenbarungen. Doch so einfach ist es nicht. Die Auslegung einer Sure bleibt immer eine menschliche Interpretation. Auch der Prophet selbst war sich seiner Begrenztheit und Beschränktheit in dieser Hinsicht durchaus bewusst. Vielleicht hat er auch deswegen die Regelung seiner Nachfolge offen gelassen.

Die andere Seite der Medaille - Rechtspopulismus versus Salafismus

Obwohl die Gewalttaten, die in den letzten Jahren von rechten Gruppierungen verübt wurden, angestiegen sind, ist die Wachsamkeit und Besorgnis in der Bevölkerung gegenüber Muslimen im Allgemeinen weit größer als die gegenüber Neonazis oder Rechtspopulisten. Diese aber haben sich den Islam als Feindbild auf die Fahnen geschrieben. Gemeinsam mit Gleichgesinnten in aller Welt treten sie immer dann auf den Plan, wenn Moscheen gebaut, islamischer Religionsunterricht in öffentlichen Schulen eingeführt oder vermeintlich Frauenrechte durch Muslime eingeschränkt werden. Dabei betonen sie gleichzeitig ihre Verbundenheit mit Israel und den USA, um dem Vorwurf zuvorzukommen, antisemitisch zu sein.

Rechtspopulisten wie Pym Fortuyn in den Niederlanden oder Pro NRW in Deutschland nutzen geschickt die bereits in der Bevölkerung vorhandenen Vorbehalte gegenüber Muslimen und schüren die Angst. Dabei spielen sie den fanatischen radikalen Anhängern islamisch geprägter Terrorgruppen nur in die Hände, indem sie wiederum deren Feindbilder bedienen.

Die bereits erwähnte Islamkonferenz hat trotz schwieriger Verhandlungen einige Erfolge erzielt, wie beispielsweise die Regelungen zur Schlachtung von Tieren nach islamischem Ritus oder die teilweise Duldung spezieller Bestattungsriten im Todesfall. Auch in anderen Fragen wie die des islamischen Religionsunterrichts in Schulen konnten Lösungen gefunden werden. Doch die Anerkennung der muslimischen Religionsgemeinschaft als Körperschaft des Öffentlichen Rechts, vergleichbar den beiden christlichen Kirchen mit ihren Privilegien, ist bis heute ausgeblieben. Dennoch zeigen die Erfolge, dass Integration und Teilhabe möglich sind, wenn entsprechende Regelungen getroffen werden.

Über dieses Buch

Eine ausschließliche Behandlung des Themas Gewaltlosigkeit im Islam in diesem Buch, wie dies ursprünglich vorgesehen war, erschien unter den Voraussetzungen der wachsenden Islamfeindlichkeit nicht mehr sinnvoll. Deshalb haben wir das Themenspektrum dieses Bandes geöffnet und auch Informationen über die Grundlinien des Islam, über die politischen Vorstellungen im Islam, über das islamische Recht und über die Sulha, die gewaltfreie traditionelle Konfliktbeilegung, einbezogen. Menschen, die sich in einer Orientierungsphase befinden und unsicher sind, was den Islam anbelangt - egal ob Muslime oder Christ -, soll dieses Buch auf diese Weise helfen, sich eine eigene Meinung zu bilden.

Es ist uns als Autoren das vordringlichste Anliegen, den Teufelskreis der Gewalt zu durchbrechen, den radikale Kräfte auf allen Seiten mit ihren Provokationen und durch eine pseudo-aufklärerische, perfide Propaganda schüren, um zu radikalisieren. Einer solchen Entwicklung dürfen wir nicht nachgeben und stellen ihr uns entschlossen entgegen. Dazu möchte dieses Buch einen Beitrag leisten, in dem es einerseits einen Einblick gibt in die Wertesysteme des Islams, andererseits mit der Diskussion der Gewaltfreiheit im Islam einen Aspekt aufgreift, der in der öffentlichen Wahrnehmung zu wenig Beachtung findet.

Dr. Yahya Wardak

Vorwort

Dank des Internets, der neuen Medien und der Globalisierung leben wir in einem „Global Village" und erfahren zeitgleich was sogar in Orten von tausenden Kilometern Entfernung geschieht. Doch heißt das leider immer noch nicht, dass wir die Bilder und Nachrichten über diese Regionen, Kulturen und Religionen sowie die politische Lage richtig einschätzen oder beurteilen können. Wir verstehen nicht, warum diese Menschen anders denken und handeln. Das trifft vor allem zu auf das Bild vom Islam und über die Muslime in Deutschland. Häufig stelle ich fest, dass das Bild und die Meinungen der Deutschen durch fremde Länder über aktuelle Nachrichten und vor allem durch das Fernsehen geprägt und manchmal bestimmt sind. Doch um uns ein Urteil über die aktuelle Situation eines Landes und eines Konfliktes machen zu dürfen müssen wir zunächst einmal begreifen, wie die Geschichte und die Religionen Einfluss auf die Entwicklungen eines Landes genommen haben.

Leider wissen die Menschen hier im Westen wenig über die Geschichte und den Glauben der Menschen im Osten, umgekehrt ist die Unwissenheit noch größer. Das ist auch ein wesentlicher Grund, warum wir die Lage in manchen Ländern nicht verstehen können. Auf beiden Seiten sind falsche Bilder in den Köpfen und deswegen verstehen sich die Menschen nicht. Während meines Vortrages über die Person Badshah Khan auf einer Tagung über Gewaltfreiheit im Islam an der Evangelischen Akademie im Rheinland wurde mehrfach mit Verwunderung reagiert, warum in Deutschland und im deutschsprachigen Raum ganz wenige diesen großen Mann kennen, der so häufig neben Gandhi gestanden hat. Ein Grund liegt darin, dass wir zu sehr durch aktuelle Sensationsnachrichten geprägt sind und zu wenig über die Hintergründe, Geschichte,

Kultur und Religionen der anderen erfahren. So assoziiert man automatisch diese negativen Schlagzeilen in den Medien mit diesen Ländern und Religionen.

Die Religion wurde im Westen lange Zeit im Namen der Politik missbraucht. Leider ist es auch heute noch in vielen Ländern der Fall, dass Entscheidungsträger die Religion für ihre eigenen wirtschaftlichen und machtpolitischen Interessen instrumentalisieren. Ein wesentlicher Faktor für gewalttätige Auseinandersetzungen liegt im Kampf um knappe Ressourcen, in der Armut und Unterentwicklung in diesen Regionen, wie z. B. im Iran, Irak, Pakistan oder Afghanistan. Dazu kommt, dass regionale Mächte, aber leider auch Weltmächte sich immer wieder eingemischt haben und diese Völker gewaltsam unterjochen oder ihnen ihre eigene Werte und Vorstellungen aufzwingen wollten. Teile der Bevölkerung haben sich mit Gewalt dagegen gewehrt, was die Gewaltspirale weiter gedreht hat.

Wir wollen mit der Herausgabe dieses Bandes die Hintergründe, Ursachen, Herrschafts-und Gewaltformen im Islam beleuchten. Vor allem aber soll auf Gewaltlosigkeit im Islam näher eingegangen werden. Ich hoffe, dass wir damit einen kleinen Beitrag zum Verständnis der Kulturen leisten können, um Vorurteile durch Wissen abzubauen.

Bonn/Kabul, Oktober 2013
Dr. Yahya Wardak

Jörgen Klußmann

Der Prophet, seine Offenbarung und Sendung

Das Beispiel des Propheten ist im Qur'an selbst aber auch in Texten (Hadith) gesammelt als Sunna (Tradition) überliefert. Wenn es um die Person des Propheten geht, so ist er Richter, Staatsmann und Theologe in einem. Sein Beispiel gilt als die Hauptquelle der Schari'a, des islamischen Rechts. Sie ist nicht einfach nur das Gesetz Gottes, sondern der Weg zu ihm selbst.

Mohammed, eigentlich Mohammed ibn ʿAbd Allāh ibn ʿAbd al-Muttalib ibn Hāschim ibn ʿAbd Manāf al-Quraschī wird ca. 573 in Mekka geboren. Im Alter von sechs Jahren verliert er seine Mutter Amina. Nur kurz, zwei Jahre lebt er bei seinem Großvater ʿAbd al-Muttalib, der jedoch auch bald darauf verstirbt. So kommt er schließlich in den Haushalt seines väterlichen Onkels Abu Talib (dem jüngeren Bruder seines Vaters), der ein Händler ist. Dort arbeitet Mohammed in jungen Jahren als Schafhirte, später nimmt er an Handelskarawanen nach Syrien teil.

Gebannt lauscht er den Geschichten der Juden und Christen und spürt ihren Einfluss auf die Geisteswelt der damaligen Zeit. Mohammed ist ein gläubiger Mensch, der sich nicht nur für den Handel, sondern auch für den Sinn des Lebens interessiert. Die Hadithe (Texte) von der Überlieferung (Sunna) sowie die Biografie von Ibn Ishaq sind die wichtigsten Quellen über das Leben Mohammeds. Die Biografie enthält aber auch Begebenheiten aus seinem Leben, noch bevor er Muslim wurde. Diese Zeit gilt als besonders wichtig, wenn es um die Berufung zum Propheten geht.

Danach begab sich Mohammed jedes Jahr für einen Monat auf den Berg Hira in der Nähe von Mekka, um dort zu beten und zu meditieren. Um 610 n. Chr. soll ihm dort der Erzengel Gabriel (Dschibril) erschienen sein. Hier Ibn Ishaqs Bericht, der Mohammed als Ich-Erzähler auftreten lässt:

„Ich schlief, als der – der Erzengel Gabriel – mit einem beschriebenen Seidentuch zu mir kam und sprach: ‚Trag vor!' Ich antwortete: ‚Ich trage nicht vor.' Daraufhin drückte er mich in das (Tuch), dass ich glaubte, sterben zu müssen". – Nach viermaliger Aufforderung fragte dann Mohammed: „Was soll ich vortragen? – und ich sagte dies nur aus Furcht, er werde mich wieder so fürchterlich bedrängen. Daraufhin sprach er …"

Es folgen Sure 96:1–5, die bis heute als die erste Offenbarung gelten:

„Trag vor im Namen deines Herrn, der erschaffen hat, den Menschen aus einem Embryo erschaffen hat. Trag vor, …"
„Also trug ich es vor. Er ließ ab und verschwand, ich aber erwachte aus meinem Schlaf, und es war mir, als wären mir (diese Worte) fest in mein Herz geschrieben."

Doch zunächst interessieren sich nur wenige in Mekka überhaupt für die Offenbarung. Und diejenigen, die es tun, sind die Schwächsten der Gesellschaft – Sklaven, Kinder und Frauen, die meist den untersten Schichten angehören. Zu diesem Zeitpunkt ist Mohammed 40 Jahre alt und mit der deutlich älteren Witwe Chadidscha verheiratet, die ihm, ihrem fähigen Karawanenführer einige Jahre zuvor einen Heiratsantrag gemacht hat. Trotz ihres Alters schenkt Chadidscha Mohammed mehrere Kinder, von denen nur Fatima, seine älteste Tochter überlebt. Sie wird später seinen Vetter `Ali heiraten. Aus dieser Ehe gehen seine einzigen ins Erwachsenenalter überlebenden Enkel Hassan und Hussein hervor. Später hat Mohammed weitere Frauen, darunter `Aischa, die Tochter Abu Bakr, seines engsten Weggefährten, die er heiratet, als sie noch ein Kind ist aber unangetastet lässt, bis sie in das gebärfähige Alter kommt. Mohammed ist ein respektiertes Mitglied der mekkanischen Gesellschaft. Er gehört dem mächtigen Clan der Quraisch an, wenn auch einem verarmten Flügel. Noch stören sich die mekkanischen Autoritäten nicht an seiner Sendung, obwohl er nichts weniger als von sich behauptet, auch ihm, Mohammed, habe sich derselbe Gott wie einst Abraham, Moses und dann Jesus und den anderen Propheten vor ihm offenbart. Doch viele vor ihm haben das behauptet.

Der so genannte Nahe und Mittlere Osten, wie er heute heißt, ist zu Beginn des 7. Jahrhundert unserer Zeitrechnung durch die Konkurrenz zwischen Byzanz und der persischen Sassaniden-Dynastie geprägt, die sich durch ihre Auseinandersetzung aber nur gegenseitig schwächen und dadurch den Boden für die späteren islamischen Expansionen bereiten.

Europa ist nach dem Falle Roms vor dem Ansturm der Germanen in zahlreiche Fürstentümer und Königreiche zerbrochen. Doch nun ist auch das germanische Königshaus der Merowinger geschwächt und wird 30 Jahre nach der Hedschra - 652 u. Z. von deren Hausmeier Pippin gestürzt. Dieser Familie wird später auch Karl der Große entstammen, der vom Papst 800 zum Kaiser des heiligen Römisch-Katholischen Reiches gekrönt wird.

Mehr als hundert fünfzig Jahre zuvor, zur Zeit der Hedschra, dem Beginn der islamischen Zeitrechnung, befindet sich der Nahe Osten und Vorderasien im aber Machtvakuum eines endlosen Kampfes zwischen den regionalen Großmächten.

In Mekka befindet sich ein wichtiges Heiligtum, die Qa'ba. Hier sollen Haggar und Ismail nach der Verbannung durch Abraham durch die Quelle Zamzam vom Verdursten gerettet worden sein. Um diesen Ort war ein Marktplatz entstanden, an dem sich die Karawanen der verschiedenen Clans und Stämme treffen, um miteinander zu verhandeln und Verträge zu schließen. In der Qa'ba wird zu diesem Zeitpunkt neben zahlreichen Götzen- und Götterstatuen auch Al-Lah, der oberste, tranzendente Gott des arabischen Pantheon verehrt. Weil er nicht figürlich dargestellt werden darf, behilft man sich mit einem Mondmeteoritenstein.

Mohammed bringt mit seinem immer hartnäckigeren Eintreten für die Forderungen dieses einen Gottes Al-Lah, niemand neben sich selbst zu dulden, schließlich doch die Obrigkeit und die anderen Familien gegen sich auf. Diese sehen in ihm und dem Monotheismus eine Gefahr für die henotheistische Pilgerstadt Mekka, wo neben Al-Lah eben auch zahlreiche andere Gottheiten verehrt werden dürfen und den damit verbundenen Einnahmen durch den Pilgerstrom.

Schließlich werden dem Propheten sogar Morddrohungen entgegengebracht. Da kommt eine Anfrage aus der Nachbarstadt Medina gerade recht und er verlässt Mekka heimlich, um den Schergen, die ihn zu ermorden drohen, zu entkommen. Zuvor hat er bereits einige seiner Anhänger davon überzeugen können, auszuwandern und so sind bereits große Teile der kleinen Gemeinde in Medina angekommen, bevor es auch den Propheten dahin zieht.

Dort, in Yathrib, wie Medina vor der Ankunft des Propheten noch heißt, ist Streit zwischen den verschiedenen Stämmen ausgebrochen. Mohammed soll ihn schlichten, denn er gilt als gerechter Mann, der Gottes Ohr hat und von sich behauptet sein Mund und sein Wort zu sein. Wegen seines Eintretens besonders für die Schwachen ist er bekannt und geachtet. Als Kaufmann genießt er das Vertrauen seiner Kunden und Gläubiger. Auch die Menschen aus Medina vertrauen dem Propheten und geloben ihm zu gehorchen. In der Stadt wohnen auch Juden. Auch sie sollen in dem Vertrag zwischen den Stämmen berücksichtigt werden. Zunächst gelingt dies auch. Doch später kommt es zu ernsten Auseinandersetzungen.

Mit der Hedschra (622 u.Z.), der Wanderung des Propheten Mohammed von seiner Heimatstadt Mekka nach Medina, beginnt nicht nur die islamische Zeitrechnung. Vielmehr entsteht erst jetzt die religiöse islamische Gemeinschaft der Umma, die sich auch als politische Gemeinschaft versteht.

Mit dem Vertrag von Medina entwirft der Prophet eine Art Verfassungscharta mit dem Ziel der Versöhnung der rivalisierenden Stämme einschließlich der jüdischen Gemeinde. Mit dem Erscheinen Mohammeds wird die Stadt nun auch erst zur Stadt (Medina) des Propheten. Mohammed lässt sich bei der Formulierung des Verfassungsvertrags von der göttlichen Offenbarung leiten. Medina versteht sich daher als erster islamischer Staat, der sich mit dem Propheten als Oberhaupt dem göttlichen Gesetz, der Schari'a unterordnet.

Der islamische Staat von Medina ist eine Theokratie, dessen Oberhaupt der Prophet ist. Er ist nicht nur Herrscher und Oberbefehlshaber, sondern auch oberster Richter und geistlicher Führer in einem. In der Folge werden seine Aussprüche und Lebensgewohnheiten als „Sunna" (Brauch) überliefert, die neben dem Qur'an die wichtigste Rechtsquelle der Schari'a ist. Sein Anspruch ist total – doch er wird durch das Gesetz gedeckt. Mohammed macht sich daran, die Regeln des Zusammenlebens der Umma festzulegen. Er orientiert sich dabei an jüdischen, christlichen und arabischen Vorbildern. Gottes Barmherzigkeit, Gerechtigkeit und auch die Gewaltlosigkeit sind dabei seine Richtschnur.

Obwohl die Verehrung Mohammeds durch die Gläubigen grenzenlos ist, lebt er weiterhin relativ bescheiden inmitten der Umma nur mit seiner Familie zusammen. Doch in Medina verändern sich die Offenbarungen. Immer häufiger befassen sie sich mit konkreten Problemen der jungen Gemeinde, die von Mekka bedroht wird, weil sie den Propheten beherbergt. Doch dieser weigert sich zunächst gegen seine Heimatstadt vorzugehen. Als es aber immer weiter zu Bedrohungen kommt, willigt er schließlich ein, auch mit Gewalt Gegenmaßnahmen zu ergreifen. Mohammed beruft sich dabei auf das Recht der Verteidigung. Eigentlich der Gewaltlosigkeit verpflichtet, nimmt er damit auch biblisches belegtes Recht für sich in Anspruch.

Im Jahre 624 u.Z. begegnen sich die Muslime und der Stamm der Quraisch aus Mekka erstmals bei Badr auf dem Schlachtfeld. Das Gefecht endet für die Muslime und für den Propheten und seine Gefährten trotz einer überwältigenden Übermacht der Mekkaner siegreich. Den Sieg über die Mekkaner interpretieren die Muslime als Bestätigung der göttlichen Sendung. Doch schon bei der nächsten Auseinandersetzung müssen die Muslime eine herbe Niederlage einstecken. Am Berg Uhud kommt es zur Schlacht, in der wichtige Männer wie Mohammeds Onkel Hamza fallen und sogar Mohammed selbst verwundet wird. Der Sieg bei Uhud wiegt die Mekkaner in der falschen Hoffnung, den Propheten und seine Anhänger nun endgültig zu Fall zu bringen. Zu Beginn des Jahres 627 marschieren die Mekkaner mit einer großen Streitmacht nach Medina. Dort hat Mohammed aber vorsorglich einen Graben ausheben lassen, der den Vormarsch zum Halten bringt. Eine längere Belagerung scheitert. Am Ende müssen die Mekkaner unverrichteter Dinge abziehen.

Die „Grabenschlacht" ist deswegen von Bedeutung, weil in dessen Folge sich die Auseinandersetzung mit einigen jüdischen Stämmen in Medina zuspitzt und schließlich in deren Vertreibung und z. T. auch Vernichtung mündet. Die betroffenen jüdischen Stämme hatten sich als unsichere Verbündete entpuppt und wurden deswegen angeklagt. Nach Angaben verschiedener Quellen kommt es während der Grabenschlacht zu Kontakten zwischen einem jüdischen Stamm und den Mekkanern, mit dem Ziel gemeinsam die Muslime zu vernichten.

Heute würde man dies wohl als Landesverrat bezeichnen. Die folgende Exekution von rund fünfhundert Männern des jüdischen Stammes wird häufig als Beleg für die Gewalttätigkeit Mohammeds verwandt. Doch muss man sich vor Augen führen, dass ein solches Verfahren zur damaligen Zeit durchaus üblich war. Hinzu kommt, dass Mohammed die Entscheidung, wie verfahren werden soll, dem Oberhaupt des jüdischen Stammes selbst überlässt. Und dieser ist es, der im Wissen um damalige Gepflogenheiten den Befehl zur Exekution der eigenen Leute gibt.

Nach der Grabenschlacht kommt es mit den Quraisch zu ersten Verhandlungen, die es Mohammed und seinen Anhängern erlauben im Jahre 628 u. Z. nach Mekka zu ziehen, um dort die kleine Pilgerfahrt ('um'ra) zu vollziehen. Doch die Mekkaner erkennen ihre Chance, um Bedingungen zu stellen. Ein Vertrag wird ausgehandelt, der einen Waffenstillstand und Sicherheit für die Muslime und die Quraisch für mehrere Jahre garantiert. Außerdem sollen diejenigen Muslime an die Mekkaner ausgeliefert werden, die ohne Erlaubnis ihrer Schutzpatronen nach Medina geflohen sind.

Mit dem Vertrag erkennen die Quraisch Mohammed als vollwertigen Verhandlungspartner an. Das bis heute erhaltene Dokument bezeugt indes auch dies: Die Anerkennung als Propheten versagen sie ihm jedoch. Bei den Muslimen sorgt der Vertrag für Unzufriedenheit, weil sie Mohammed für zu nachgiebig halten. Doch bereits zwei Jahre später sorgen Unstimmigkeiten bei der Erfüllung des Vertrages auf mekkanischer Seite für deren endgültige Niederlage. Im Januar 630 u.Z. bricht die gesamte muslimische Armee nach Mekka auf. Die Stadt ergibt sich fast kampflos. Mohammeds Anhänger zerstören die Götzen in der Qa'ba. Er selbst widmet sich in den folgenden Wochen der Reinigung des Heiligtums und kehrt anschließend nach Medina zurück. In der Folge unterwerfen sich auch diejenigen Beduinenstämme, die sich bislang weigerten, den Islam anzunehmen. Mohammed unternimmt einen Feldzug in den Norden, wo er an den Rand des byzantinischen Reiches stößt, es aber unberührt lässt.

Als er Anfang 632 die große Pilgerfahrt nach Mekka antritt, ahnt niemand, dass sein Tod nahe ist. Der Prophet vollzieht in Mekka mit seinen Anhängern die Wallfahrt und kehrt nach Medina zurück. Diese später als „Abschiedswallfahrt" bekannt gewordenen Pilgerfahrt gilt bis heute als Vorbild für die Wallfahrt nach Mekka mit all ihren vorgeschrieben Riten. Im Qur'an lesen wir dazu:

> „Heute habe ich euch eure Religion vervollständigt (so dass nichts mehr daran fehlt) und meine Gnade an euch vollendet, und ich bin damit zufrieden, dass ihr den Islam als Religion habt." – 5:3

Als er Medina erreicht, überträgt er die Führung der Feldzüge seinen Gefährten. Kurz darauf erkrankt er plötzlich und stirbt am 8. Juni 632 u.Z. Als die Nachricht bekannt wird, löst dies in Medina Unruhen aus. Einige Stämme erklären darauf, dass sie sich nicht länger an die Verträge gebunden fühlen. Nach Ibn Ischaq teilt Abu Bakr die Todesnachricht den Gläubigen mit folgenden Worten mit:

> „Leute! Wer Mohammed verehrt hat (dem sage ich): Mohammed ist gestorben. Wer den einzigen Gott verehrt hat (dem sage ich): Gott lebt und stirbt nicht."

Dann rezitiert er folgenden Qur'anvers:

„Und Mohammed ist nur ein Gesandter. Vor ihm hat es schon (verschiedene andere) Gesandte gegeben. Werdet ihr denn (etwa) eine Kehrtwendung vollziehen, wenn er (eines friedlichen Todes) stirbt oder (im Kampf) getötet wird? Wer kehrtmacht, wird damit (Gott) keinen Schaden zufügen. Aber Gott wird (es) denen vergelten, die (ihm) dankbar sind." 3:144

Mit dem Tod des Propheten im Jahre 632 u.Z. stellt sich die Frage seiner Nachfolge, ohne dass er dafür eine Regelung festgelegt hat. Über diese Frage wird sich die Umma später entzweien. Die ersten vier Nachfolger (Kalifen), die als seine Weggefährten gelten, müssen sich gegen Anfeindungen zu Wehr setzen und drei von Ihnen werden keines natürlichen Todes sterben.

Sein erster Nachfolger, Kalif Abu Bakr (* 573 u.Z. in Mekka; † 634 u.Z. in Medina), ist ein enger Weggefährte des Propheten und muss sich um die politische Einheit des Reichs kümmern. Seine militärischen Fähigkeiten helfen ihm dabei, die Revolten im Keim zu ersticken und die Eroberungen fort zu setzen. Doch auch die Offenbarung, die mit dem Tode des Propheten endet, muss nun neu belebt werden. Sie lebt weiter durch die Rezitation der Suren. Hafsa bint ʿUmar, (* um 604 oder 606 u.Z.; † zwischen 661 und 665 u.Z. in Medina), ist die Tochter des späteren zweiten Kalifen Omar ibn al Chattab und Ehefrau des Propheten. Hafsa ist die einzige unter den Ehefrauen Mohammeds, die nicht nur des Lesens, sondern auch des Schreibens kundig ist. Sie besitzt einen eigenen Qur'an-Urtext, der später bei der Sammlung des Qur'ans durch den dritten Kalifen Uthman von entscheidender Bedeutung sein wird. Die heute gültige Qur'an-Fassung beruft sich auf Uthman.

Neuere historisch-vergleichende und sprachliche Forschungen eines internationalen Teams aus Teilnehmern eines Kongresses 2004 an der FU Berlin zeigen, dass in einem Großteil der Suren spätere Texteinschübe vorgenommen worden sind. Die Forscher beziehen sich dabei auf die geläufige Ausgabe des Qur'an der al Azhar- Universität aus dem Jahre 1924, die in Kairo herausgegeben wurde sowie früh-islamische Schriften aus Sana'a, die jüngst gemachten Funde eines Qur'an-Textes aus dem 7. - 8. Jahrhundert. Ein Vergleich beider Texte nach den Methoden der historisch-vergleichenden Bibelwissenschaften hat ergeben, dass redaktionelle Veränderungen in der Anordnung von Suren und oder deren Fragmente äußerst nahe liegen. Die Forscher begründen die Veränderungen damit, dass dies vor allem geschah, um die Aussagen verständlicher zu machen und die Erzählerperspektive – von Gott selbst - stärker in den Vordergrund zu rücken.

Sollten sich diese Ergebnisse bestätigen, wäre bewiesen, dass im Nachhinein redaktionelle Bearbeitungen des ursprünglichen Offenbarungstextes stattgefunden haben. Darüber haben die Forscher herausgefunden, dass auch einzelne Teile der Offenbarungen aus Mekka in medinensische Suren und umgekehrt eingeschoben wurden, um die Themen, um die es ging, besser zu verdeutlichen. Die Untersuchungen sind vorläufige Ergebnisse. Doch es besteht guter Grund anzunehmen, dass der Qur'an ähnlich wie auch andere Heilige Schriften zuvor im Nachhinein bearbeitet wurden.[1]

So umstritten dieser Befund auch sein mag, so ändert er nichts an der Freiheit der Muslime ihn auf ihre eigene Art zu interpretieren. Die durch die Forschung nahe liegende Redaktion durch die Sammler der Urtexte deutet auf das Bemühen der ersten Gläubigen die Offenbarung so authentisch aber auch so verständlich wie möglich festzuhalten. Unumstritten ist, dass die Offenbarung erst durch die Kanonisierung zur Heiligen Schrift des Islam und somit zur Quelle des Rechts und des mystischen Weges wird. Hinzu kommen im Laufe der Zeit die Sammlungen der wichtigsten Hadithe (Texte) über die Aussprüche und das Tun des Propheten, die als Sunna überliefert worden sind.

Alle Rechtsgelehrten widmen sich in der Folge der Frage nach der richtigen Interpretation der Offenbarung und der Sunna und wie im Einzeln zu entscheiden ist. Dies betrifft alle Lebensbereiche von der Geburt bis zum Tode eines jeden einzelnen Mitglieds der Umma aber auch das

---

[1] In: Karl Friedrich Pohlmann – Die Entstehung Qur'ans – neue Erkenntnisse aus Sicht der historisch-kritischen Bibelwissenschaft 2012 Darmstadt

Schicksal der gesamten Umma selbst sowie das des Kalifats, also auch des islamischen Staates.

Unglücklicherweise hat der Prophet keine klare Regelung über seine Nachfolge hinterlassen. Dagegen hinterlässt er aber einen Rechtskanon, der klare Angaben zu allen möglichen Belangen der Familie macht und wie Besitz und Eigentum geschützt sind. Ebenso sind der Umgang mit Betrug, Diebstahl, Mord, Vergewaltigung oder anderen Kapitalverbrechen geregelt. Der Qur'an ist recht eindeutig, wenn es darum geht, wie mit Verbrechern umzugehen ist und schont sie nicht. Wer sein Unrecht jedoch einsieht und sich dazu bekennt, die gegen ihn erhobenen Vorwürfe zu gibt und gesteht, kann mit Milde rechnen. Auf schwere Kapitalverbrechen steht jedoch der Tod.

Dem Qur'an, der 20 Jahre nach dem Tod des Propheten, von seinen Gefährten zunächst auf Papier, Palmblättern und auf allen möglichen Materialien nieder geschrieben und dann gesammelt und dann schließlich der Länge nach geordnet wurde und mit dem Urtext von Hafsa verglichen wird, ist nach der gängigen Vorstellung der Gläubigen das direkte und unmittelbare Wort Gottes, dem nichts mehr hinzu gefügt werden und nichts davon weg genommen werden darf. Er ist die Grundlage des göttlichen Gesetzes, der Schari'a. Die neueren Ergebnisse der historisch-vergleichende Qur'an-Forschung lassen nicht am göttlichen Ursprung zweifeln. Sie deuten aber auch auf das menschliche Wirken, ohne das die Heilige Schrift nicht zustande gekommen wäre, denn auch dieser Text musste erst von Menschen neu sortiert und kombiniert und verstanden werden, um schließlich niedergeschrieben zu werden. Damit wird auch deutlich, dass nicht der Überbringer der Botschaft, sondern vielmehr die Gemeinschaft der Gläubigen (Umma) im Mittelpunkt der Barmherzigkeit Gottes steht. Und dennoch ist es das Beispiel des Propheten, das für Muslime bis heute rechtlich bindend ist und als vorbildlich und erstrebenswert gilt. Das hängt auch damit zusammen, weil er Zeit seines Lebens immer für die Schwachen eingetreten ist und selbst im Konfliktfalle seinen Gegnern mit Milde gegenüber tritt. Seine Haltung zur Gewalt ist eindeutig und kompromisslos klar: Gewalt ist nur in Fällen der Verteidigung erlaubt und niemals gegen Unschuldige, egal ob sie Muslime sind oder nicht.

Ein Selbstmordanschlag, der Hunderte von unschuldigen Menschen heimtückisch umbringt, wäre unter gar keinen Umständen eine denkbare Option für den Propheten gewesen! Denn nur Gott allein entscheidet über Leben und Tod. Außerdem wären unschuldige Menschen für ihn niemals auch nur ansatzweise ein Ziel im Kampf gegen den Gegner gewesen. Mohammed unterscheidet ganz klar zwischen Zivilisten und Soldaten. Ein heimtückischer Anschlag wie am 11. September in den USA oder später in Madrid, Bali oder London wäre für den Propheten feige und verdammenswert gewesen und hätte in seiner Vorstellung unweigerlich dazu geführt, dass der Attentäter in der Hölle gelandet wäre. Ein solches unehrenhaftes Verhalten hätte der Prophet keinesfalls geduldet - auch wenn manche selbst ernannte Gelehrte heute das Gegenteil behaupten und den Terror gegen Unschuldige durch den Qur'an rechtfertigen wollen.

Muhammad Sameer Murtaza

Das islamische Recht
Quellen – Genese – Niedergang

Das islamische Recht besteht aus zwei Komponenten: der *šarīʿa* – dem Recht, das auf dem *Qurʾān*, nach muslimischer Auffassung das Wort Gottes, und der *sunna*, der Lebensweise des Propheten Muhammad, beruht – und dem *fiqh* – der Rechtsfindung durch die Rechtsgelehrten.

Der Begriff *šarīʿa* bedeutet ursprünglich *der Weg zur Wasserstelle* und suggeriert als islamische Terminologie „die Vorstellung eines in dieser Welt unerlässlichen Mittels zur Erhaltung des Lebens"[1], so Malise Ruthven.

Der Ausdruck *fiqh* drückt *Erkenntnis, Einsicht in etwas haben, Verstehen* aus, also die Wissenschaft von der Interpretation der *šarīʿa* sowie das Juristenrecht.[2]

Die Quellen des islamischen Rechts

Betrachtet man den *Qurʾān* unter dem Gesichtspunkt einer Rechtsquelle, so stellt man erstaunt fest, dass lediglich ca. 600 Verse – von insgesamt 6.239 – Rechtsvorschriften beinhalten, davon behandeln 400 Verse den Ritus des Gottesdienstes. Im Weiteren beziehen sich ca. 70 Verse auf das Familien- und Erbrecht, etwa 80 Verse betreffen Wirtschaft und Finanzen, 30 Verse das materielle und prozessuale Strafrecht, etwa 25 Verse das Völkerrecht und ca. zehn Verse Angelegenheiten des Staatsrechts.[3] Unter

---

[1] Ruthven, Malise (2000: 102).
[2] Vgl. Zaidan, Amir (o. J.: 15).
[3] Vgl. Hofmann, Murad (2002: 79).

diesem Gesichtspunkt wird die *sunna* als zweite Rechtsquelle unverzichtbar und erhält ihre Legitimation durch den *Qur'ān*: 33:36; 33:21; 4:59; 4:65; 7:157.

Die schriftliche Fixierung und Kanonisierung der zunächst nur mündlich tradierten Berichte über den Propheten Muhammad, den Hadithen, die sein Sagen, Tun und stillschweigendes Dulden wiedergeben, war ein Prozess, der kurz nach seinem Tod anfing und nahezu 300 Jahre andauerte. Aufgrund dieser enorm großen Zeitspanne stand schon sehr früh die Authentizität vieler dieser Aussprüche in Frage und so entstand auch eine eigene Wissenschaft, die sich in detektivischer Kleinarbeit mit dieser Thematik auseinandersetzte und immer noch auseinandersetzt. Dies macht deutlich, dass die *sunna* zwar die zweite Textquelle des Islam ist, aber sie kann nicht Anspruch erheben gleichrangig mit dem *Qur'ān* zu sein.

Zur weiteren Entwicklung des islamischen Rechts schreibt der muslimische Intellektuelle Murad Hofmann: „Spätere Generationen waren naturgemäß darauf angewiesen, die Lehre von den Rechtsquellen zu erweitern, weil zwangsläufig Fragen auftauchten, auf die weder Koran noch Sunna fertige Antworten lieferten."[4] Der Gelehrte Ibn Hazm (994-1069) lehrte, dass dieser beschränkte Umfang [an gesetzlichen Vorschriften] dem Menschen zugutekomme, da diesem zugestanden wird, „ein flexibles Recht auszuarbeiten, das den Erfordernissen des jeweiligen Zeitalters entspricht. Sonst hätte das authentische islamische Recht nicht so eine Vielfalt menschlicher Situationen unreguliert gelassen. Freilich sei zu allen Zeiten der Qur'ān als die Orientierungsgrundlage zu benutzen."[5]

Die Genese des islamischen Rechts

Im weiteren Verlauf der islamischen Geschichte wurden zusätzliche Instrumente zur Rechtsfindung entwickelt, deren Legitimation sich jedoch aus der *šarī'a* ableiten musste, ferner durften die durch sie ermittelten

---

[4] Hofmann, Murad (1999: 147).
[5] Balić, Smail (1979: 83).

rechtlichen Regelungen nicht dem *Qurʾān* und der *sunna* widersprechen. Die bedeutendsten sind der *qiyās*, der *iǧmāʿ* und der *iǧtihād*.

Beim *qiyās* handelt es sich um einen Analogieschluss, d. h. eine aktuelle Rechtsfrage wird mit einem vergleichbaren, bereits im *Qurʾān* oder der *sunna*, entschiedenen Fall verglichen und in Folge dessen darauf basierend eine Lösung abgeleitet.

Der *iǧmāʿ* ist der Konsens aller Rechtsgelehrten der muslimischen Gemeinschaft einer bestimmten Epoche in einer Rechtsfrage, die weder im *Qurʾān* noch in der *sunna* geregelt ist. Es ist zu bezweifeln, ob es jemals einen echten *iǧmāʿ* gegeben hat. Vielmehr sah es in der Praxis wohl so aus, dass die Interpretation eines Juristen in den Kreisen der Gelehrten diskutiert wurde. Fand sie Anklang und wurde von anderen Gelehrten ebenfalls angewandt, was die Verbreitung dieser Rechtsnorm unter den Muslimen zur Folge hatte, dadurch entstand dann der *iǧmāʿ*. Somit besaß die Denkweise und Praxis der Rechtsgelehrten die Kraft, Gesetze zu schaffen.

Iǧtihād ist ein Mittel zur Gewinnung neuen Rechts, gemäß dem Fall, dass sich für ein juristisches Problem weder im *Qurʾān* noch in der *sunna* noch durch *qiyās* eine Lösung finden lässt. *Iǧtihād* fordert vom Juristen, dass er sich geistig absolut verausgaben muss „bei der Suche nach einer Meinung zu einer beliebigen Rechtsnorm und zwar in der Weise, dass der Einzelne (in sich) die Unfähigkeit spürt, weitergehende Anstrengungen zu unternehmen"[6]. Nurullah sieht im *iǧtihād* ein wichtiges Werkzeug für das kritische und kreative Denken im Islam, das sich nicht nur auf die Rechtswissenschaft begrenzen lässt.[7]

Im 7. Jahrhundert entstanden in Zentren wie Kufa, Basra und Medina Zirkel um einzelne Männer, aus denen sich allmählich die Rechtsschulen (*maḏhab*) herausbildeten. Schnell gewannen sie überregionale Bedeutung und wurden dann schließlich von den staatlichen Autoritäten anerkannt und gefördert.[8] Bis zum 4. Jahrhundert n. H. lassen sich 19 verschiedene

---

[6] Ruthven, Malise (2000: 114).
[7] Siehe: Nurullah, Abù Sadat (2006: 153-174).
[8] Vgl. Krämer, Gudrun (2005: 96).

Rechtsschulen nachweisen, von denen sich nachstehende fünf (vier sunnitische und eine schiitische) als autoritativ durchgesetzt haben:

- *Die hanafitische Rechtsschule*
Sie entstand in Kufa und wurde nach Abu Hanifa benannt. Sie war die Rechtsschule der Abbasiden und später der Osmanen. Dies begünstigte, dass sie die verbreiteteste Rechtsschule wurde. Sie ist vor allem in der Türkei, Pakistan, Indien, Afghanistan, Jordanien, Indochina, China und den Gebieten der ehemaligen Sowjetunion verbreitet.

- *Die malikitische Rechtsschule*
Sie entstand in Medina und ist nach dem Rechtsgelehrten Malik ibn Anas benannt. Ihre Anhänger findet man vor allem in Marokko, Algerien, Tunesien, Sudan, Kuwait und Bahrain.

- *Die schafi'itische Rechtsschule*
Sie wurde nach dem Rechtsgelehrten Muhammad ibn Idris Al-Schafi'i, der in Mekka, Medina und Fustat wirkte, benannt und ist vor allem im Libanon, in Palästina, Ägypten, Irak, Jemen, Indonesien und in Saudi-Arabien gängig.

- *Die hanbalitische Rechtsschule*
Sie ist nach Ahmad ibn Hanbal benannt, der in Bagdad wirkte. Ihre Anhänger findet man vor allem in Saudi-Arabien, im Libanon und in Syrien.

- *Die dscha'faritische Rechtsschule*
Sie ist die Rechtsschule der Zwölfer-Schiiten und geht auf den Rechtsgelehrten Dscha'far Al-Sadiq (gest. 765) zurück. Zwar existieren noch weitere schiitische Rechtsschulen, diese haben jedoch keinen mit der dscha'faritischen Rechtsschule vergleichbaren Stellenwert.

Es sei darauf hingewiesen, dass die Unterschiede zwischen den Rechtsschulen sich lediglich auf die Auslegung des islamischen Rechts beziehen (zumindest bei den vier sunnitischen Rechtsschulen). Zum Unterschied zwischen den sunnitischen Rechtsschulen und der dscha'faritischen Rechtsschule schreibt Fyzee: „Abgesehen von der Doktrin des Imamats ist der Unterschied zwischen der sunnitischen und der schiitischen Schule nicht sehr groß."[9]

Smail Balić urteilt über das islamische Recht: „Wenn auch seine Hauptquellen der Qur'ān und die Tradition [d. h. *sunna*] sind, so besteht doch die heute vorhandene umfangreiche Rechtsmaterie zu einem größeren Teil aus Analogieschlüssen, Erkenntnissen und Stellungnahmen der Nachwelt. Dieser Überbau verdeckt manchmal die eigentlichen Quellen."[10]

Der Niedergang des islamischen Rechts

Der Niedergang der islamischen Rechtswissenschaft bzw. ihre Erstarrung hängt eng zusammen mit der Zerstörung der beiden Geisteszentren der muslimischen Welt im 13. Jahrhundert – Cordoba 1236 im Zuge der Reconquista und Bagdad 1258 durch die Mongolen.

Der Mongolensturm hatte die Zerstörung ganzer Städte und ländlicher Gebiete inklusive massiver Bevölkerungsverluste und Versorgungsengpässe zur Folge. Mit dem Eindringen eines Stroms türkischer und turkmongolischer Nomaden veränderte sich nicht nur die Demographie, sondern die "Fremden" importierten auch ihre nomadische Kultur in den muslimischen Raum. Weite landwirtschaftliche Nutzflächen wurden in Weideland umgewandelt und zahlreiche Bauern sahen sich gezwungen, in eine halbnomadische Existenz zu flüchten.[11]

Die Ermordung des abbasidischen Kalifen Al-Musta'sim 1258 war für die Muslime ein politisches Erdbeben. Obwohl die Kalifen seit geraumer Zeit nur mehr ein Schattendasein führten, war der Kalif doch Symbolfigur der muslimischen Herrschaft, die sich der Gunst Gottes erfreuen durfte. Auf Zeitgenossen muss dieses Ereignis verstörend gewirkt haben,

---

[9] Ramadan, Said (1996: 98).
[10] Balić, Smail (1979: 83).
[11] Vgl. Krämer, Gudrun (2005: 179).

und so stand die Frage nach dem Grund im Raum, vor allem, da der Mongolensturm auch den islamischen Westen zwischen Ägypten und dem Maghreb zu verschlingen drohte. Ein solches politisches Klima wäre der ideale Nährboden für Kollaboration, Zersetzung und Aufruhr gewesen. Jedoch füllten die Rechtsgelehrten das symbolische Vakuum aus, das mit dem Tod des Kalifen eingetreten war, und gaben eine Antwort auf das "Warum" und den Gläubigen ein Ziel, auf das sie hinarbeiten und ihre Hoffnungen richten sollten.

Die plötzlich empfundene Machtlosigkeit, die ganz im Gegensatz zu der Aussage des *Qurʾān: Ihr seid die beste Gemeinschaft, die für die Menschen hervorgebracht worden ist.* (3:110) stand, konnte sich der Großteil der Gelehrten nur als Strafe Gottes dafür erklären, dass man sich vom Pfad des Islam entfernt hatte. Hoffnung und Rettung konnte daher nur eine Rückkehr zu einem wahrhaft gelebten Islam sein. Dazu müsse der Muslim nur den früheren Generationen folgen, die bereits alles Wissenswerte gewusst hätten, da sie der Zeit des Gesandten Gottes Muhammad näher waren. Die Gelehrten orientierten sich daher zunehmend an der Vergangenheit. Sie wurde zum Vorbild emporgehoben, zum Goldenen Zeitalter, das nicht in Frage zu stellen war, sondern wiederhergestellt werden musste. Ein solcher Kulturpessimismus offenbart die Vorstellung, dass die Zukunft nichts Gutes bringen kann und die Menschheit sich seit dem Tod des Gesandten Gottes in einem unaufhaltsamen Niedergang befindet, dem nur durch das Festhalten an der Vergangenheit Einhalt geboten werden kann.

Dieses Geschichtsbild mag der muslimischen Welt für einen Augenblick die verlorene Stabilität zurückgegeben haben, doch gleichzeitig bedeutete es eine Stagnation des Geisteslebens. Das Forschen und Denken wurde zugunsten der Aufbereitung und Memorierung des bereits Gewussten aufgegeben. Diese Nachahmung und das Kopieren der Vergangenheit, die man als *taqlīd* bezeichnet, wurden sogar zu einem Glaubensartikel erhoben, den jeder Muslim kennen müsse.[12]

---

[12] Vgl. Peters, Rudolph (1980: 131-145).

Die Wurzeln des *taqlīd* liegen wohl zunächst in der abstrakten juristischen Fragestellung, ob ein *muǧtahid*[13] zu allen Zeiten existieren müsse – diese Diskussion und ihre Folgen kennt die schiitische Auslegung des Islam nicht. Mit der Zerstörung der beiden Zentren der islamischen Welt hatten jene, die sich nach dem Goldenen Zeitalter zurücksehnten, ein zwingendes Argument, dass das Heil der muslimischen Gemeinschaft (*umma*) in ihrer Vergangenheit läge. Die Gelehrten Malik ibn Anas (gest. 795), Abu Hanifa (gest. 767), Al-Schafi'i (gest. 820) und Ahmad bin Hanbal (gest. 855), auf die sich die heutigen vier verbliebenen sunnitischen Rechtsschulen zurückführen lassen, galten als die absoluten *muǧtahidūna*, ihnen folgten die *muǧtahidūna* der Rechtsschulen (*muǧtahidūna fī al-maḏāhib*) und am Schluss stand der *mutaqallid*.[14]

Das Wort *taqlīd* stammt von dem Verb *qalada* ab, das die Bedeutung von *ein Halsband anlegen* und *nachahmen, imitieren, Vollmacht geben* besitzt und somit das Verhältnis des unmündigen Laien zum Gelehrten ausdrückt. Auf diese Weise etablierte sich zugleich ein hierarchischer Gelehrtenstand, der sich gegenüber seinen Konkurrenten, den muslimischen Philosophen und den Sufis, endgültig durchzusetzen vermochte.

Die Erstarrung des Islam, die von der wissenschaftlichen Königsdisziplin der Rechtswissenschaft ausging, wurde schließlich mit der Metapher umschrieben, dass das Tor zum *iǧtihād* geschlossen sei. Bereits Al-Schafi'i hatte den *iǧtihād* seinerzeit entgegen seiner ursprünglichen Bedeutung abgeschwächt und ihn mit dem Rechtsmittel des Analogieschlusses, dem *qiyās*, synonym gesetzt.[15] Nach Kamali wurde damit die Saat gelegt, die schließlich im Laufe der Jahrhunderte zu einer immer stärkeren Einschränkung der Vernunft in der Rechtswissenschaft führte und so die Hinwendung zur Imitation begünstigte.[16] Dies zeige sich insbesondere daran, dass keine neuen Rechtsschulen mehr entstanden seien. Gerade diese – von denen zeitweilig ein Dutzend zur gleichen Zeit nebeneinander

---

[13] Ein Rechtsgelehrter, der qualifiziert ist, um *iǧtihād* anzuwenden.
[14] Vgl. Peters, Rudolph (1980: 136).
[15] Vgl. Kamali, Mohammad Hashim (2001: 7).
[16] Vgl. ebda. (8).

existierten – seien Ausdruck eines geistig belebenden Klimas gewesen, das hervorgerufen wurde durch den *iğtihād*.[17]

Dabei verschleiert die Wendung, dass das Tor zum *iğtihād* geschlossen sei, dass es tatsächlich niemals einen Konsens zum *iğtihād*-Verzicht gab. In den folgenden Jahrhunderten traten immer wieder Juristen auf, die für sich in Anspruch nahmen, *iğtihād* zu betreiben. Unter diesen Gelehrten sind zu nennen: Ibn Hazm (994-1069), Ibn Taimiyya (1263-1328), sein Schüler Ibn Qayyim Al-Dschauziyya (1292-1350), aber auch Gelehrte innerhalb der Rechtsschulen.[18] Rudolph Peters konnte bis zum 16. Jahrhundert Gelehrte aufweisen, die den Anspruch erhoben, *iğtihād* zu praktizieren, oder von anderen als *muğtahid* angesehen wurden. Erbitterte Debatten wurden zwischen beiden Gelehrtenlagern hinsichtlich der Legitimität des *taqlīd* und des *iğtihād* geführt, die hier angerissen werden sollen:

Jene, die den *taqlīd* als rechtmäßig betrachteten[19],
- argumentierten, dass es keinen *muğtahid* mehr gäbe und dass *taqlīd* ein Glaubensartikel sei, den jeder Muslim kennen müsse. Ihre Gegner verurteilten sie als Apostaten (*murtadd*).
- untermauerten diese These mit folgenden Versen aus dem *Qurʾān*:

> Auch vor dir entsandten Wir nur (sterbliche) Männer mit Unserer Offenbarung. Fragt nur diejenigen, welche (schon früher) Offenbarungen erhalten hatten, falls ihr es nicht wisst. (16:43)
> Auch vor dir entsandten Wir nur (sterbliche) Männer, denen Wir Uns offenbarten. Frag nur das Volk der Ermahnung, falls ihr es nicht wisst. (21:7)
> O ihr, die ihr glaubt! Gehorcht Gott und gehorcht dem Gesandten und denen, die Befehl unter euch haben. Und wenn ihr in etwas uneins seid, so bringt es vor Gott und den Gesandten, sofern ihr an Gott glaubt und an den Jüngsten Tag. Dies ist das Beste und führt zum Besten. (4:59)

---

[17] Vgl. ebda.
[18] Peters, Rudolph (1980: 136-137).
[19] Vgl. ebda. (138-143).

- wiesen darauf hin, dass der *taqlīd* eine weitere Zersetzung der *umma* verhindert hätte.
- verwiesen auch auf die außerordentliche Stellung der vier sunnitischen Imame hin (die inzwischen sakralen Charakter angenommen hatten und als quasi Heilige betrachtet wurden).

Jene, die für den *iğtihād* eintraten[20],
- warfen ihren Gegnern vor, dass sie den Imamen einen höheren Stellenwert einräumten als dem *Qurʾān*.
- sahen im *taqlīd* eine *bidʿa*[21].
- erblickten in dem Vers 16:43, der zwar die Aufforderung beinhalte, dass der Unwissende jenen aufsuchen soll, der Wissen besitzt, keine Grundlage, diesem auch blind zu folgen. Auch der Wissende stehe in der Pflicht, seine Ansichten nachvollziehbar zu begründen, andernfalls sei seine Meinung zurückzuweisen und der Gläubige müsse einen anderen Gelehrten um Rat fragen. Den verlangten Gehorsam in 4:59 sahen sie nur als legitim an, solange er nichts beinhalte, dass gegen den *Qurʾān* oder die *sunna* verstößt. Weiter beinhalte dieser Vers die Aufforderung, bei Meinungsverschiedenheiten die Angelegenheit zu Gott und seinem Gesandten zurückzubringen, also dem *Qurʾān* und der *sunna*. Diese Aussage habe auch Gültigkeit hinsichtlich der Meinungsverschiedenheit zwischen den vier Imamen. Weitere Belege für die Unrechtmäßigkeit des *taqlīd*[22] sahen sie in den folgenden Versen formuliert:

> Sie nehmen ihre Rabbiner und Mönche und den Messias, Sohn der Maria, neben Gott zu Herren an, obwohl ihnen doch allein geboten war, dem einzigen Gott zu dienen, außer Dem es keinen Gott gibt. Preis sei Ihm! Erhaben ist Er über das, was sie neben Ihm verehren. (9:31)

---

[20] Vgl. ebda.
[21] Abzulehnende Neuerung, die nicht auf *Qurʾān* und der *sunna* basiert.
[22] Vgl. Peters, Rudolph (1980: 141-142).

So entsandten Wir auch vor dir keinen Warner in eine Stadt, ohne dass die Reichen dort gesprochen hätten: „Wir fanden doch unsere Väter auf einem (Glaubens-) Weg und folgen ihren Spuren." (43:23)
Dann werden sie sagen: „O unser Herr! Wir gehorchten tatsächlich unseren Herrschern und Großen, und sie führten uns vom Weg ab. (33:67)

- sahen in dem Rechtschulenfanatismus, der sich ausgebreitet hatte, durchaus eine Zersetzung der *umma*.
- setzen als Gegenmodell zum *taqlīd* das *ittiba'*, das Folgen einer Meinung, wenn sie nachvollziehbar begründet werden kann.

Wie bereits erwähnt, verstummten nach dem 16. Jahrhundert die Rufe nach *iğtihād*. Der Stillstand im Denken beschränkte sich nicht mehr bloß auf die Rechtswissenschaft, sondern griff ausgehend von der muslimischen Königsdisziplin auf alle anderen Bereiche der muslimischen Zivilisation über. Der Politikwissenschaftler Bassam Tibi resümiert:

In der Tat war Ibn Khaldun (…) der letzte große Denker im Islam. Bis zur Begegnung mit der Moderne, gleichermaßen im militärischen und kolonialen Rahmen, waren die Osmanen fast ausschließlich mit ihren militärischen Eroberungen beschäftigt. Fünf Jahrhunderte lang gab es keinen nennenswerten Denker im Islam.[23]

Hans Küng verdeutlicht diese Katastrophe des muslimischen Denkens, wenn er schreibt:

Damals schon [im 13. Jahrhundert] wurde im Islam eine neue Freiheit des Denkens und Handelns, eine Kreativität des Gestaltens und Lebens verunmöglicht, damals schon die Dynamik der islamischen Kultur, Wissenschaft und Technik gebremst, die "Geburt der Intellektuellen" verhindert und um viele Jahrhunderte hinausgeschoben. (…) Es war wesentlich eine Austrocknung von innen und der Sieg einer vernunft- und freiheitsfeindlichen Ortho-

---

[23] Küng, Hans (2004: 479).

doxie über Philosophie und Theologie, die am Vorabend der europäischen Renaissance die Entwicklung einer modernen Wissenschaft und Technik im Bereich des Islam grundlegend blockierte. Wo Universitäten und Lehrveranstaltungen ganz von einer festgefahrenen Rechts- und Traditionswissenschaft beherrscht werden, kann keine Freude an geistiger Auseinandersetzung aufkommen. Wo Denker nicht geistig atmen können, werden sie keine neuen Ideen, keine wissenschaftlichen Innovationen, technischen Erfindungen und sozialen Initiativen entwickeln. Wo keine Selbstkritik erlaubt ist, bleibt man auf das Bestehende fixiert, widersteht man aller Aufklärung.[24]

Dieser Trend zur Wissensabstinenz wurde noch verstärkt durch das Dogma der *bid'a*, das ab dem 13. Jahrhundert ein neues Gewicht erhielt und bis heute lebendig ist. In seiner ursprünglichen Form verbot es Neuerungen hinsichtlich der muslimischen Glaubensinhalte und des Gottesdienstes. Ab dem 13. Jahrhundert jedoch definierte man *bid'a* in einem viel weiter gefassten Rahmen: Alles, was sich nicht auf den *Qur'ān* oder die *sunna* zurückführen lässt, galt es abzulehnen. Die Befürchtung, dass neues Wissen, gewonnen durch Forschung und Philosophie, die *umma* abermals vom rechten Pfad abbringen und eine erneute Katastrophe herbeiführen könnte, schuf bei vielen Gelehrten eine Wissens- und Philosophiefeindlichkeit. So wurde das Dogma der *bid'a*, nach Meinung von Murad Hofmann, zu einer Waffe gegen den Fortschritt.[25] Für W. B. Hallaq ist diese Entwicklung ein deutliches Zeichen für den Niedergang der islamischen Rechtswissenschaft, die fortan nur noch unqualifizierte Rechtsgelehrte hervorbrachte, deren Können nicht über das Wiederholen früherer Gelehrtenmeinungen hinausreichte.[26] Dieser intellektuelle Niedergang übertrug sich dann ausgehend von der wissenschaftlichen Königsdisziplin, der Rechtswissenschaft, meiner Ansicht nach, auf die Gesellschaft. Das Ergebnis dieses Widerwillens, sich geistig zu betätigen, war, dass die muslimische Welt entscheidende Gegenwartsentwicklungen ver-

---

[24] Ebda.
[25] Vgl. Hofmann, Murad (1999: 57).
[26] Vgl. Ali-Karamali, Shaista P. u. Dunne, Fiona (1994: 248).

passte und sich jeder Reform entzog. Smail Balić bringt es auf den Punkt, wenn er schreibt, dass die Muslime versuchten, nach vorgefertigten Schablonen zu leben, die längst ihre Gültigkeit verloren hatten.[27]

Und so sah sich eine ermüdete islamische Zivilisation schließlich einem wiedergeborenen Europa ausgesetzt, dessen Imperialismus und Moderne sie nichts entgegenzusetzen wusste.

Literatur

Ali-Karamali, Shaista P. u. Dunne, Fiona (1994): "The Ijtihad Controversy. In: Arab Law Quarterly 9 (3): 238-257.
Arkoun, Mohammed (1999): Der Islam. Annäherung an eine Religion. Heidelberg.
Aslan, Reza (2006): Kein Gott außer Gott. Der Glaube der Muslime von Muhammad bis zur Gegenwart. Bonn.
Balić, Smail (1979): Ruf vom Minarett. Weltislam heute – Renaissance oder Rückfall? Eine Selbstdarstellung. Wien.
Donohue, John J.; Esposito; John L. (2007): Islam in Transition. Muslim Perspectives. New York.
Ende, Werner u. Steinbach, Udo (2005): Der Islam in der Gegenwart. Bonn.
Hofmann, Murad Wilfried (1999): Der Islam als Alternative. München.
Hofmann, Murad (2002): Koran. München.
Iqbal, Muhammad (2006): Die Wiederbelebung des religiösen Denkens im Islam. Berlin.
Kamali, Mohammad Hashim (2001): Issues in the Legal Theory of Usūl and Prospects for Reform. In: Islamic Studies 40 (1): 5-24.
Krämer, Gudrun (2005): Geschichte des Islam. Bonn.
Küng, Hans (2004): Der Islam. Geschichte, Gegenwart, Zukunft. München.
Murtaza, Muhammad Sameer (2012): Islamische Philosophie und die Gegenwartsprobleme der Muslime. Reflexionen zu dem Philosophen Jamal Al-Din Al-Afghani. Tübingen.
Nurullah, Abu Sadat (2006): Ijtihad and Creative/Critical Thinking: A new look into Islamic Creativity. In: The Islamic Quarterly 50 (2): 153-173.
Peters, Rudolph (1980): Ijtihad and Taqlid in 18th and 19th Century Islam. In: Die Welt des Islam 20 (3/4): 131-145.
Ramadan, Said (1996): Das Islamische Recht. Theorie und Praxis. o. O.

---

[27] Vgl. Balić, Smail (1979: 98).

Ruthven, Malise (2000): Der Islam. Eine kurze Einführung. Stuttgart.
Zaidan, Amir (o. J.): Fiqh-ul-íbadat. Einführung in die islamischen gottesdienstlichen Handlungen. Frankfurt am Main.

Jörgen Klußmann

Warum der Islam kein originäres politisches System entwickelt hat

Der Prophet behauptet, dass seine Prophezeiung die letzte des Einen Gottes ist, den Adam anbetete und mit dem Abraham einen Bund schloss. Mohammed selbst nannte sich deshalb das Siegel der Propheten. Sein Anspruch besteht auch darin, eine Gemeinschaft geschaffen zu haben, die allein nach Gottes Wille, Gesetz und Regeln regiert wird und der er als geistiges, politisches und militärisches Oberhaupt vorsteht. Über seine Nachfolge sagt er nichts.

Mit Mohammeds Tod endet aber nicht nur sein Auftrag und seine Erfüllung als Prophet und dessen Offenbarung, sondern auch sein Auftrag als Oberhaupt und Herrscher über die umma - die Gemeinschaft aller Muslime. Wie sich die Gemeinschaft der Gläubigen weiter entwickeln soll und, ob es einen Nachfolger geben soll, hat er nicht mehr entscheiden können. Seine Anhänger entscheiden pragmatisch, weil die Gemeinschaft auseinander zu fallen droht. Sie gehen gegen gemeinsame Feinde vor: Byzanz und das Perserreich. Nach den Siegen des byzantinischen Kaisers Heraklius über die Perser ab dem Jahr 622, also im gleichen Jahr der Heschra, folgt bald der Zusammenbruch der sassanidischen Dynastie. In das Vakuum begeben sich zunehmend arabische Stämme, die schon vorher Hilfstruppen gestellt hatten und übernehmen die Herrschaft. Nach dem Tode des Propheten wollen sie unabhängig bleiben. Die Nachfolger Mohammeds beenden die Aufstände mit Gewalt. Ob dies im Sinne des Propheten gewesen wäre, bleibt fraglich.

Alles was nach dem Tode des Propheten kommt, ist allein durch menschliche Köpfe und Hände entschieden und gelenkt worden - ist also im besten Fall Nachfolge oder Nachahmung der ursprünglichen Offenbarung des Weges, wie wir ihn im Qur'an und der Sunna finden. Diese Unterscheidung ist deswegen wichtig, weil die extremen Fanatiker behaupten, dass nur das Beispiel des Propheten allein gelten dürfe und alles andere ketzerisch oder un-islamisch und damit abzulehnen sei.

Doch der Prophet ist tot und sein Beispiel kennen wir nur durch menschliche Überlieferung. Denn der Qur'an wurde erst ca. 20 Jahre nach seinem Tode aufgeschrieben. Sein Beispiel und seine Offenbarung sind also durch mindestens eine Generation Köpfe gegangen, bevor sie aufgeschrieben und in einheitliche Form gebracht wurden. Außerdem können die historischen Fakten und die Entwicklung auch nach dem Tode des Propheten nicht einfach ignoriert werden. Denn in der Folge entwickeln sich erst die islamische Rechtsprechung und die Rechtsschulen, die sie unterschiedlich interpretieren. Die Spannbreite reicht zunächst von erstaunlich liberal und offen bis zu orthodox und streng.

Neben Medina und später Mekka hat der Prophet keine eigenen Staaten gestaltet und angeführt. Natürlich gelten diese beiden Gemeinden naturgemäß als vorbildlich. Doch auch die Zeit und Entwicklung unter den ersten vier nachfolgenden, ehemaligen Gefährten Mohammeds wird bis heute von allen Mulismen als „rechtgläubig und besonders gerecht" verstanden.

Die Unterscheidung zwischen der Zeit des Propheten und danach ist deswegen bedeutsam, weil die Bedingungen unter denen das Leben vorher stattgefunden haben muss, danach nicht mehr dieselben sind. Denn die Offenbarung muss einen großen Eindruck auf die Menschen damals gemacht haben. Manche mögen sie auch abgelehnt haben, andere aber haben sie begeistert aufgenommen und schließlich wurden es so viele, das daraus eine Bewegung und sogar eine neue Religion entstand. Die Aufstände nach dem Tode des Propheten zeigen, dass die meisten Gläubigen in erster Linie ihm folgten. Seine Nachfolger müssen zu Mitteln greifen, die Mohammad verabscheut hat, um die Gemeinschaft zusammen zu halten. Wieviel mehr hat sich heute verändert! Wir leben in einer modernen Welt, in der zahlreiche Neuerungen, technischer, philosophischer, psychischer und politischer Natur unsere Vorstellungswelt allgemein verändert hat. Wir sind also in vielerlei Beziehung nicht mehr dieselben Menschen wir zur Zeit des Propheten. Deswegen können wir das Wort Gottes heute auch nicht mehr so verstehen, wie es im Qur'an Jahrzehnte nach dem Tode des Propheten in einer Sprache aufgeschrieben wurde, die so heute keiner mehr spricht, weil sie in zahlreiche Dialekte zerfällt und sich auch vom modernen Hocharabisch beträchtlich unterscheidet.

Was also vor rund 1400 Jahren aus der Erinnerung an das Beispiel des Propheten und seiner engsten Gefährten aufgeschrieben wurde – müssen wir daher mit unseren heutigen Erfahrungen und unserem heutigen Wissen in Einklang bringen. Das bedeutet aber nicht, dass es uns nicht gelingen kann, die Essenz des Textes zu verstehen und zu begreifen, denn sie ist genauso universell wie andere heilige Schriften auch.

Dies gilt umso mehr als die zahlreichen Traditionen in den unterschiedlichen Regionen, in denen der Islam heimisch werden konnte, diesen natürlich auch stark geprägt haben. Genauso wie die unterschiedlichen Entwicklungen des Juden- und Christentums hat sich auch der Islam in verschiedene Konfessionen, unter dem Eindruck unterschiedlicher kulturelle Konventionen entwickelt.

Wie jeder Glauben und wie jede Religion wird auch der Islam durch die Menschen, die ihn heute praktizieren und sich durch ihn leiten lassen, gelebt und in Ehren gehalten. Es sind zunächst diese Menschen, die diesen Glauben vor dem Hintergrund ihrer Zeit und ihres Zeitgeistes interpretieren müssen, weil sie auch gar nicht anders können. Denn die Entwicklung und Umwelt zwingen sie dazu.

Zum Zeitpunkt des Todes des Propheten fällt mit der Anerkennung von Abu Bakr als dessen Nachfolger vor allem die politische Verantwortung erstmals in Hände, die nicht mehr unmittelbar mit Gott verbunden sind wie es die des Propheten waren. Aber es sind Hände, die dem engsten Kreis der Gefährten des Propheten angehören. Der Unterschied ist politisch bedeutsam, weil die Wahl und Anerkennung von Abu Bakr zum Kalifen einen Rechtsakt darstellt, den die Rechtsgelehrten als einmütigen Konsens (Idschma') bei der Wahl des Staatsoberhaupts interpretieren. Damit ist ein Beispiel gesetzt, dem die Nachfolger fortan folgen.

Über der Frage der Nachfolge wird die umma aber schließlich dennoch in unterschiedliche Glaubensrichtungen zerfallen, die jeweils ihre eigenen Rechtsschulen entwickeln werden auch wenn sie sich nach wie vor auf die gleichen Rechtsquellen, den Qur'an und die Sunna berufen und je nachdem sogar eigene Schlüsse zur Interpretation des Rechts ziehen dürfen. Die Entwicklung des islamischen Rechts erfolgt in den ersten Jahrhunderten nach dem Schisma vor allem in den Metropolen Bagdad, Cordoba, Damaskus, Kairo usw., wo Qadis – Richter im Auftrag des Staates sei es durch den Kalifen oder seine Gouverneure Recht sprachen. Sie schöpften dabei aber auch neben dem Qur'an aus einer römisch-byzantinischen oder sassanidisch-persischen Tradition, die sie im Laufe der Zeit mehr und mehr zu einer genuin arabisch-islamischen umformten. Die gemeinsamen Quellen der Byzantiner und Perser sind häufig auch alte griechische Quellen.

Die Schari'a ist nicht das Ergebnis eines klar und eindeutigen schriftlich festgelegten Kodex, wie das eines Gesetzbuches. Vielmehr ist sie ein Familien- und Gewohnheitsrecht, das auch Strafrecht und Völkerrecht beinhaltet und durch die islamischen Rechtwissenschaften - fiqh permanent weiter entwickelt wird. Da sich der islamische Staat schon früh auch mit nicht-islamischen Staaten auseinander setzen musste, entwickelte sich neben allen Ebenen des Gesellschafts- und Staatsrechts auch eine eigene Praxis und Tradition des Völkerrechts der Schari'a. So entstanden die großen Rechtsschulen, die ebenso wie Theologen, Philosophen und politischen Vordenker in der Folge die Spaltung durch die verschiedene Interpretation des Erbes des Propheten noch weiter vorantreiben und zementieren. Doch zunächst nimmt die Ausformung der Rechtslehre und des politischen Gebildes unter den ersten Nachfolgern weiter Gestalt an.

Abu Bakr (Kalif von 632-634 n.Chr.), der dem Propheten unmittelbar folgt, ist der Vater von Mohammeds Lieblingsfrau, der jungen Aischa und einer seiner ältesten Weggefährten. Eine Überlieferung besagt, dass Muhammad nur in seiner Begleitung Mekka verlassen habe, um dem Ruf aus Medina zu folgen. Da Abu Bakr auch einer der bedeutendsten Heerführer ist, zögert er nicht, zunächst den Aufstand verschiedener Stämme und Clans niederzuschlagen, die nach dem Tode des Propheten ihre Loyalität aufkündigen wollen. Unmittelbar im Anschluss daran beginnt er mit der Eroberung Persiens, dem alten Erzfeind der Araber. Zum Zeitpunkt des Todes von Abu Bakr ist das islamische Reich um Teile des Irak und Syrien erweitert worden.

Der nächste Kalif ʿUmar Ibn al-Chattab (634-644 n.Chr.), genannt "Al-Faruk" (Der Scharfsinnige) ist ebenfalls ein Schwiegervater Muhammads. Als er 27 Jahre alt ist, bekennt er sich als Erster öffentlich in Mekka zum Islam. Zuvor galt er als einer der größten Widersacher des Propheten und hatte den Vorsatz gefasst, ihn zu töten. Sein Sinneswandel soll der Überlieferung zufolge durch die Lektüre einiger Suren zustande gekommen sein. Er gilt als ein talentierter Führer und Verwalter des Reiches. Unter seiner Herrschaft fällt 635 n. Chr. Damaskus. Ein Jahr später besiegt 'Umar das Byzantinische Reich am Jarmuck. Weite Teile von Syrien und Palästina fallen an das islamische Reich - der Weg nach Ägypten und damit nach Afrika ist frei. 'Umar lässt die eroberten Gebiete militärisch befestigen und baut eine funktionierende Verwaltung in den Bereichen Militär, Finanzen und Rechtsprechung auf. Gerichtshöfe entstehen und sprechen Recht.

Der islamische Staat nimmt weiter Formen an. Es entstehen tragfähige Verwaltungsstrukturen im ganzen Reich. Die Führung der Provinzen überträgt ʿUmar eingeschworenen Gefährten des Propheten, um Streitigkeiten zu vermeiden. Doch auch das kann seinen gewaltsamen Tod nicht verhindern. 644 n. Chr. wird er von einem christlichen persischen Sklaven ermordet.

Sein Nachfolger Uthman 'Ibn Affan (644-656 n. Chr.) führt eine einheitliche Kanonisierung des Qur'ans durch und hinterlässt damit den bis heute gültigen Textkorpus. Diese Leistung ist deswegen so bedeutsam, weil die Umma dieser Anordnung und Auswahl der Texte bis heute folgt. Uthman lässt alle anderen existierenden Versionen der Suren vernichten. Mit der Eroberung des persischen Reiches endet die erste Eroberungswelle. Weil Uthman Vetternwirtschaft betreibt und Familienmitglieder wie Mu'awiya begünstigt, macht er sich Feinde. Uthman stirbt keines natürlichen Todes. 656 n. Chr. wird er während der Qur'anrezitation in seinem Haus ermordet.

Mit ʿAli Ibn Abi Talib (656-661 n. Chr.) kommt erstmals ein Mitglied der Familie Mohammeds an die Macht. Ausgerechnet über die Frage nach seiner Legitimation wird das erste Schisma des Islam herbeigeführt. Sein Kalifat wird durch Mu'awiya, der in Syrien an der Macht ist, angefochten. 656 n. Chr. fordern ihn seine Feinde zum Kampf heraus. ʿAli muss Arabien verlassen und zieht sich mit seinen Anhängern nach Kufa in den den heutigen Irak zurück. Keine Seite kann einen entscheidenden militärischen Erfolg erringen. Schließlich soll ein Schiedsgericht entscheiden.

Da sind diejenigen, die sich für Mu'awiya einsetzen, sie werden später den Urkern der Sunniten bilden. Sie glauben, dass nur derjenige, der dem Beispiel des Propheten, so wie sie in den Hadithen, den von Gelehrten anerkannten Texten niedergeschrieben wurden, folge und es am besten erfülle, könne Kalif sein. Er halte sich an die Sunna – die Überlieferung.

Die Schi'iten, die für 'Ali sind und nach seinem Tode beziehungsweise dem Märtyrertod seines Sohnes und des Propheten-Enkels Hussein einen eigenen Weg beschreiten, sind davon überzeugt, dass die Nachfolge nur durch einen Blutsverwandten des Propheten ausgeübt werden kann. Die Charidschiten, ("die Ausziehenden") verlassen 'Ali, weil er sich überhaupt auf den Schiedsspruch eingelassen hat, denn nach ihrem Dafürhalten hat Gott ihn zum Kalifen bestimmt und sie werfen ihm nun vor, dass er diese Entscheidung von einem menschlichen Schiedsgericht abhängig machen will.

Durch das Zerwürfnis zerfällt die Glaubensgemeinschaft zunächst in drei Teile, die sich die nächsten Jahrhunderte über die rechtmäßige Nachfolge Muhammads streiten werden.

Im Jahre 661 n. Chr. wird auch 'Ali in Kufa schließlich von einem "Charidschiten" ermordet. Sein Tod verschafft Mu'awiya, dem Oberhaupt der Familie der Umayaden die Macht. Doch auch seine Nachfolge ist nicht unumstritten.

Es ist jedoch bezeichnend, dass die zahlreichen anderen Kalifen, die danach über die Jahrhunderte folgen werden, kaum jemals von allen Muslimen als rechtmäßige Herrscher anerkannt werden. Damit geht die Saat des ersten Schismas mit der nachfolgenden Zersplitterung des islamischen Reiches in verschiedene Macht- und Einflusssphären auf. Das islamische Reichsgebiet reicht dennoch zeitweise vom Balkan im Osten Europas und weit nach Asien bis in das ferne China und Indonesien sowie im Westen von Spanien über Marokko tief in die Sahara hinein nach Timbuktu und im Osten Afrikas bis in den Sudan und darüber hinaus. Unter den Kalifen hat es mächtige Herrscher wie der legendäre Harun ar-Raschid und unbedeutende Marionetten der jeweils herrschenden Klasse gegeben. Fast alle islamischen Kalifate, die dem Propheten vom Frühmittelalter bis in die Renaissance folgen, sind in der Regel despotische Staaten, deren Herrscher sich formell als Nachfolger des Propheten bezeichnen.

Ähnlich wie die christlichen Herrscher berufen sie sich auf den göttlichen Willen, der sie zu dem gemacht hat, was sie sind. Die Dynastien sind patriarchalisch organisiert und strukturiert. Häufig entziehen sich ihre Familien der Kontrolle des Gesetzes. Die Regionen des Herrschergebietes sind eingeteilt in Provinzen und werden meist von Gouverneuren regiert und verwaltet. Reiche Provinzen wie Ägypten entwickeln häufig ein Eigenleben ebenso wie große und wichtige Handelsstädte. Doch das enge Handelssystem und die vergleichsweise gut überwachten Handelsstraßen sowie die funktionierenden Verwaltungen und Gerichtshöfe schaffen trotz der Zersplitterung eine gewisse Sicherheit und einen Zusammenhalt.

Das Territorium, in dem der Islam die vorherrschende Religion ist, ist enorm groß. Über eine Milliarde Menschen folgen heute dem Propheten. Im 10. Jahrhundert unserer Zeitrechnung hat sich der Islam fast überall bereits in seine bis heute bestehenden Einflusssphären verbreitet. Doch die Kalifen der folgenden Jahrhunderte sind nur noch Vertreter der jeweils herrschenden Familien. Es sind die Umayyaden, die Abbasiden, die Fatimiden usw., die das Schicksal der islamischen Kalifate lenken.

Zur Zeit der Entstehung des Islam mit Beginn des Mittelalters vergisst Europa sein römisches Erbe und zerfällt in zahlreiche Fürstentümer und Königreiche. Einzig der Glauben und die Kirche eint sie noch. Erst rund 200 Jahre später, 800 n. Chr. krönt der Papst Karl den Großen zum Kaiser und knüpft damit an die römische Tradition an. Nur mühsam entsteht nach dem Fall Roms so etwas wie ein Reich, das durch den Kaiser und den gemeinsamen Glauben vereint ist aber durch die Rivalitäten der regionalen Machthaber immer wieder gespalten ist.

Während dessen sind die Menschen im Nahen und Mittleren Osten durch das islamische Gesetz geschützt und durch die daraus resultierenden staatlichen Strukturen besser organisiert als im frühchristlichen Europa. Dort herrscht durch den Zusammenfall des römischen Reiches und die Völkerwanderungen große Unruhe. Zwar kann der König der Franken sich zum Kaiser krönen lassen, doch in Karls Reich machen Überfälle der Sachsen und der Magyaren die Grenzgebiete im Osten unsicher. Den Leuten im Reich des Kalifen Harun ar-Rashid, der zur gleichen Zeit lebt, geht es besser, weil sie besser versorgt und genährt sind und weil weit häufiger Friede herrscht als im tiefen, christlichen Westen. Die Blütezeit der arabischen Dynastien ist vor allem auf der Rechtssicherheit und den funktionierenden Strukturen und freien Handelswegen gebaut. Das Gesetz, die Schari'a entscheidet, was richtig oder falsch ist. Anders als in europäischen Städten sind auch Juden unter islamischer Herrschaft vor Verfolgung sicher. Der Orient ist toleranter und großzügiger, vor allem aber sinnlicher.

Das erfahren bereits die ersten Kreuzfahrer, die angesichts der endlosen Kriege zwischen den Königshäusern vom Papst aufgerufen werden, die heiligen Stätten aus den Händen der Ungläubigen zu befreien.

Als sie schließlich Konstantinopel erreichen und die Reichtümer und potentiellen Sünden erblicken, die sie dort vorfinden, richtet sich ihre Gier sogar gegen ihre orthodoxen Glaubensbrüder. Konstantinopel wird zuerst von den Venezianern und seinen Verbündeten geplündert, bevor es viele hundert Jahre später von den muslimischen Osmanen erobert wird und zu Istanbul wird.

Diejenigen der Kreuzfahrer, die noch weiter reisen und bis in die Städte Damaskus, oder weit darüber hinaus nach Ghor, Dehli oder Samarkand, erfahren, dass der Orient noch ganz andere Chancen aber auch Gefahren bereit hält als sie ahnten. Haschisch, Opium, Kaffee und Tees und Gewürze sowie medizinisches Wissen - All das kennen arabische, persische und indische Ärzte seit Jahrhunderten. Sie wissen, dass sie in islamischen Ländern nicht nur sicher, sondern auch angenehm und ohne die Gesundheitsrisiken wie sie in Europa herrschen, reisen können.

Während die Sauberkeit in den europäischen Gasthäusern häufig zu wünschen übrig lässt, erhalten Reisende im Orient in Karawansereien Unterkunft, Verpflegung und medizinische Pflege und dies sogar kostenlos, wenn sonst niemand dafür aufkommt. Mildtätigkeit ist Gott gefällig, denn er liebt die Barmherzigen, die den Schwachen helfen. Almosen in Form einer Armutssteuer der „zakat" gehört zu den 5 Säulen oder Pflichten des Muslim. Neben Bekenntnis, Gebet, Fasten und Pilgerreise verpflichtet sich der Gläubige damit sozial wohltätig zu sein.

Das islamische Kalifat gewährt Juden und Christen Rechte, die ihnen freie Religionsausübung garantiert. Auch damit ist es fortschrittlicher und toleranter und meist friedlicher als seine andersgläubigen Nachbarn. Gerichte, denen in Universitäten ausgebildete und geprüfte und vom jeweiligen Regenten eingesetzte Richter - Hakam vorsitzen, sprechen Recht. An sie darf sich jeder Bürger, egal welchen Glaubens wenden. Innere Angelegenheiten regeln die andersgläubigen Gemeinden selbst. Wenn sie eine Sondersteuer entrichten, genießen sie dadurch vollen Schutz der Obrigkeit. Wer sich an ihnen vergreift, vergreift sich am Kalifen selbst. Die Strafen können hart und grausam sein.

Der Stand in der islamischen Gesellschaft hängt von Wohlstand und Bildung ab. Ein ehrlicher Händler, ein sorgfältiger Handwerker, ein gründlicher Arzt oder ein unbestechlicher Richter genießen hohes Ansehen und werden von Leuten aufgesucht, die von weit her kommen, um hier Recht gesprochen zu bekommen, sich medizinisch behandeln zu lassen und Handel zu treiben können.

Die Bedeutung der Rechtssicherheit im islamischen Raum des Mittelalters kann gar nicht genug hervorgehoben werden. Sie ist maßgeblich für die Blüte des islamischen Raumes bis ins 12. Jahrhundert verantwortlich. Die Verwaltung agiert zwar manchmal schwerfällig aber sie funktioniert. Im Laufe der Zeit entstehen jedoch durch das Fehlen einer zentralen Autoriät immer selbstständigere Strukturen, die eigenständige Entscheidungen treffen und so natürlich auch in Konkurrenz miteinander treten.

Die mehrfachen Eroberungswellen aus den östlichen Steppen Asiens, die im 13. Jahrhundert beginnen und die arabischen Dynastien erschüttern werden, führen schließlich auch zu einer Machtverschiebung. Die Mongolen und später die Seldschuken übernehmen häufig die eigentliche Macht im Staat, indem sie zum Islam übertreten. Vor allem aber sind es die Seldschuken, die wie vorher die mongolischen Reitervölker bereits Europa überfielen, die nun die islamische Welt heimsuchen und dort auf fette Beute stoßen. Schnell treten sie dem neuen Glauben bei, um einer strengen Auslegung des Islam zu folgen. Ein Reitervolk wird die Macht aber endgültig an sich reißen – die Osmanen.

Anders als bei kriegerischen Auseinandersetzungen im christlichen Europa bleibt die zivile Bevölkerung bei all diesen Konflkten häufiger verschont. Denn nach den Bestimmungen des Kriegsrechts der Schari'a darf sich die militärische Auseinandersetzung nicht gegen Zivilpersonen richten. Gott verbietet die Bestrafung von Unschuldigen.

Theoretisch hat der Kalif zwar noch die Hoheit und der der Schein wird gewahrt. Gerade in Ägypten haben sich aber schon sehr früh die Gouverneure des Kalifen, der entweder in Damaskus oder in Bagdad oder später in Istanbul sitzt, selbstständig gemacht. Zu verführerisch scheint die Anziehungskraft zu sein, die von den Metropolen am Nil Kairo und Alexandria ausgeht. Wer in Kairo sitzt, dem gehört Afrika, denn auch der Westen muss von Arabien kommend, hier durchquert werden.

Der Islam breitet sich rasch bis in den Maghreb (Westen) in das Stammland der Berber aus, die zwar den neuen Glauben annehmen, sich aber nicht unbedingt mit den Arabern vermischen. Das Hinterland Nordafrikas ist der Sahel, der mit dem gleichen Tempo islamisiert wird wie der Norden. Der islamische Glaube verbreitet sich entlang dem Sahel (Küste), der Grenze zur Wüste (mit seinen nomadischen Völkern aus. Hier ist die Durchsetzung der Schari'a nicht immer so einfach. Doch auch die stolzen Fulbe und Haussa werden zu Muslimen. Der traditionelle Volksglaube überträgt sich aber auch auf den neuen Glauben. Der Islam wird afrikanisch.

Etwa zeitgleich mit dem Beginn der Renaissance und der Reformation im christlichen Europa fällt das islamische Kalifat unter den Einfluss und das Erbe des osmanischen Reiches und bleibt dort fast fünf Jahrhunderte in der Hand des Sultans, wo sich ein eigenes System der Herrschaft entwickelt, das einer europäischen Monarchie insofern ähnelt, als die Macht in den Händen der jeweilgen Dynastien bleiben. Doch auch die Osmanen werden von den ständigen Bedrohungen aus dem Osten immer wieder heraus gefordert.

Im Osten gelangt der Islam bis an die Grenzen Indiens und Chinas. Doch aus den weiten Steppen kommen immer wieder Invasionen nomadischer Mongolenvölker. Sie konvertieren später sogar zum Islam und gründen das Mogulreich in Indien. Als bedeutendster Mogulherrscher gilt Akbar (reg. 1556–1605), der das Reich militärisch, politisch und wirtschaftlich festigt. Doch letztlich bleiben die Monarchien schließlich nur eine der vielen Zwischenstationen in einem Reich, das im Westen inzwischen von Spanien bis in das Gebiet südlich der westafrikanischen Seenplatte und im Osten bis nach Indien und von dort bis China und den Hindukusch und darüber hinaus nach Indonesien ausbreitet.

Theoretisch herrscht über all dieses Gebiet der Kalif. Doch inzwischen erheben mehrere Personen Anspruch auf den Titel. Als am Ende nach fast 700 Jahren das arabische Gerangel um die Macht an die Osmanen, ein Turkvolk übergeht, führen diese den Militärstaat ein und bauen eine schlagkräftige Armee auf, die aus Berufssoldaten – den Janitscharen besteht und schließlich 1453 Konstantinopel den Sitz der orthodoxen Kirche erobert. Doch dort gewährt der Eroberer Mehmed II. die Religionsfreiheit wie es dem Gesetz entspricht. Orthodoxe Christen begrüßen sogar den Fall der Stadt, weil sie nun wieder ohne Einmischung von Rom sich selbst regieren dürfen.

Fortan ist der Sitz des Kalifats Istanbul, wie die Stadt von nun an heißen wird. Der Sultan trägt zugleich den Titel Kalif und ist damit der Beherrscher aller Gläubigen. Das osmanische Reich bringt eine neue Machtfülle mit sich, die über die arabischen Dynastien weit hinaus geht. Nur wenige arabische Erbdynastien bleiben in den arabischen Hinterlanden erhalten. Doch müssen sie zunächst ein Schattendasein führen, bis auch dieser neue Gigant sich wieder schlafen legt. Mit der Übernahme der Macht durch die Osmanen entsteht wieder ein neues, tolerantes Klima, in dem auch Juden und Christen wieder häufiger in hohe und wichtige Ämter gelangen. Das osmanische Reich herrscht Jahrhunderte bis es am Ende zerfällt und die junge türkische Republik aus seiner Asche hervor steigt. Damit endet auch das Kalifat und hinterlässt ein bis heute bestehendes Vakuum. Mit dem Sturz des „kranken Mann am Bospurus" im Jahre 1922 endet schließlich auch nur zwei Jahre später im März des Jahres 1924 das über tausendjährige Kalifat.

Die junge türkische Republik schafft es einfach ab. Abdülmecit II., der letzte Kalif und alle Mitglieder der osmanischen Dynastie werden des Landes verwiesen und verschwinden im Nebel der Geschichte.

In der Folge beginnt eine Phase der politischen Orientierungslosigkeit, die im Grunde bis heute anhält und bisher weitgehend allein von fundamentalistischen Strömungen genutzt wird. Mit dem Sturz des Osmanischen Reiches nimmt die seit dem 19. Jahrhundert im Orient einsetzende Epoche der Kolonialisierung und des Imperialismus ihren weiteren Verlauf, in dem die Versprechen einer politischen Eigenständigkeit der arabischen Halbinsel von Engalnd und Frankreich gebrochen werden. Damit beginnt auch ein neues Zeitalter des politischen Verständnisses islamischer Denker und Gelehrter.

Die Eroberung Ägyptens durch Napoleon, das damals von den Mamluken, einer ehemaligen Soldatensklavenkaste der Osmanen beherrscht wird, bringt die islamische Welt erstmals in Kontakt mit dem neuem humanistischem Gedankengut. Werte wie Freiheit, Gleichheit, Menschlichkeit usw. werden von Napoleons Propaganda ins Spiel gebracht, um die ägyptische Bevölkerung zum Widerstand gegen die Fremdherrschaft der Mamluken aufzuwiegeln. Zwar verhallt die Propaganda weitgehend unbeachtet, doch bei den intellektuellen und gebildeten Kreisen, fällt die Botschaft von Freiheit, Gleichheit und Gerechtigkeit dennoch auf fruchtbaren Boden. Immer mehr islamische Gelehrte setzen sich auch mit den technischen Errungenschaften der Europäer auseinander. Bis dahin hatte die islamische Welt beschaulich im Schoße des osmanischen Riesenreichs geschlafen – Neue wissenschaftliche Erkenntnisse und technische Entwicklungen sind weitgehend unbekannt. Geopolitische Ereignisse wie die Wieder-Entdeckung Amerikas bleiben weitgehend ohne direkten Einfluss auf die islamische Welt. Indirekt verliert das „Morgenland" dadurch jedoch an strategischer Bedeutung. Es soll mehr als 500 Jahre dauern bis es durch die Entdeckung und Nutzung fossiler Energien wieder an Bedeutung gewinnnen wird.

Mit den neuen revolutionären Ideen aus dem Westen erscheint ein neues Ideal, das in der später unabhängigen Monarchie Ägypten auch die Begehrlichkeiten junger Intellektueller und Abenteurer weckt. Im Anschluss an die Niederlage Napoleons entsteht ein Machtvakuum in Ägypten, das schließlich der albanische Offizier Muhammed 'Ali Pascha ausnutzt und seine eigene neue ägyptische Dynastie errichtet, die er zu einer neuen Monarchie macht, die erst 1957 von einem Offizier namens Gamal Abd an-Nassar gestürzt und durch eine pan-arabische Republik ersetzt wird.

Die junge ägyptische Monarchie indes ist an der Moderne interessiert und entsendet eigens Gelehrte nach Frankreich, um sie dort lernen zu lassen. Die Männer die dorthin fahren, bringen aber auch politische Vorstellungen von einer republikanischen Ordnung mit. Damit beginnen sich arabische und osmanische Intellektuelle sich mit der Idee einer modernen arabischen oder islamischen Nation auseinander zu setzen.

Während dessen nimmt in Kleinasien der Niedergang des Osmanischen Reiches seinen weiteren Verlauf. Unter dem Einfluss der Auseinandersetzungen zwischen Russland und den westlichen Großmächten um die Einflussnahme in der Region wird die Hohe Pforte mehr und mehr zum Spielball der Machtblöcke. Es sind vor allem aber die Kosten des Baus für den Suezkanal, die nicht nur die ägyptische Monarchie schwächen, sondern auch das Osmanische Reich selbst, das Garantien hierfür und andere Bauprojekte übernommen hat.

Zuvor ist es im osmanischen Reich bereits zu einem erheblichen Reformdruck gekommen, der schließlich dazu führt, dass eine Art Verfassung erarbeitet und beschlossen wird, die erstmals auch freiheitliche Grundrechte garantiert. Doch sie kommt zu spät. Das marode Reich zerbricht unter den Ansprüchen der Klientel, die alle bedient werden wollen und dem beginnenden Nationalismus der Völker, die das Reich beherbergt. Der erste Weltkrieg (1914-18) zieht auch das Osmanische Reich als Verbündeten der Achsenmächte in den Krieg mit Großbritannien und Australien. Bei Gallipoli gelingt es zwar in einem furchtbaren Stellungskrieg die Alliierten aufzuhalten, doch im Nahen Osten erobern australische und neuseeländische Truppen in einem der letzten Kavallerie-Angriffe der Geschichte Beersheba und Gaza. Damit bricht die osmanische Verteidigung in Palästina zusammen. Arabische Verbündete unter der Führung des britischen Offiziers Lawrence besetzen Damaskus. Sein Versprechen, die arabischen Dynastien wieder zu unabhängigen Staaten zu machen, halten die Kolonialmächte nicht ein. Sie besetzen die Gebiete und stellen sie unter ihr Protektorat.

Diese Auseinandersetzung führt in der ganzen Region zu einer kritischen Haltung gegenüber den westlichen Kolonialmächten, die fortan als wortbrüchig gelten. Die Nationalisten sprechen sich daher nicht nur dafür aus, das osmanische Joch abschütteln zu wollen, sondern treten auch gegen die Einflussnahmen vor allem Großbritanniens ein. Mehr und mehr Stimmen werden laut, die eine "islamische Alternative" zu den westlichen Modellen fordern. Denker, wie Al-Afghani oder Muhammed Abduh treten zunächst noch relativ moderat für eine neue Synthese zwischen Islam und Moderne ein. Doch je drückender die Lasten der Kolonialregime werden (Verschuldung durch den Bau des Suez-Kanals, Besetzung verschiedener Territorien), desto klarer formiert sich auch der Widerstand dagegen und sie schwenken um auf eine rein islamische Perspektive.

In den Zwischenkriegsjahren des 20. Jahrhunderts entsteht so eine Ideologie, die sich gegen jeglichen westlichen Einfluss und jede Neuerung, es sei denn sie diene der Ausbreitung des Islam, auflehnt. Denker wie Hasan Al Banna in Ägypten, Begründer der Muslimbruderschaft, sind von der Dekadenz des Westens so empört, dass sie eine reine und unverfälschte islamische, Ordnung, die sich ausschließlich nach der Schari'a richtet, fordern. Der Verlust des Kalifats weckt in Banna den Wunsch die Angelegenheiten der 'umma neu zu regeln. Dazu gehört es auch, die Jugend und die Armee auf den Djihad gegen die Kolonialmächte vorzubereiten. Neben der wahhabitischen Mission ist der Einfluss der Muslimbruderschaft in fast allen islamischen Ländern bis heute spürbar, so z.B. in Ägypten oder in Form des islamischen Djihad in Algerien. Sie alle fordern die Unterwerfung unter die Schari'a.

Lange vor al-Kaida haben sich so die die Befürworter einer radikal islamischen Ordnung positioniert, ohne jedoch klar zu machen, was sie eigentlich für eine politische Ordnung wollen und wie diese im Einzelnen funktionieren soll. Archaisch muten die Rechtsvorstellungen etwa der Taliban oder des so genannten islamischen Staates in Syrien und dem Irak an.

Doch gab und gibt es auch andere Entwicklungen, die der Gewalt abschwören und sich für eine friedliche Lösung einsetzten, so z.B. im Sudan oder in Aceh, Indonesien oder in Afghanistan zur Zeit des britischen Protektorats wie wir im Kapitel über Abdul Gaffar Khan später sehen werden.

Leider erfahren diese Ansätze aber wenig bis keine mediale Aufmerksamkeit weder in der arabischen noch der westlichen Öffentlichkeit. Der so genannte arabische Frühling hat schon seinen ersten Herbst und Winter erlebt und es wird sicher noch eine ganze Weile dauern, bis sich aus den politischen Wirren neue Formen einer politischen Ordnung entwickeln, die islamisch und auch demokratisch zugleich sein können. Die in den westlichen Demokratien lebenden Muslime hätten die Chance über einen solchen Islam nach zu denken. Stattdessen scheint eine kleine radikale Minderheit die Freiheiten aber lieber dafür nutzen zu wollen, den Ast abzusägen, auf dem sie sitzen und die Gastfreundschaft zu missbrauchen, die sie genießen, wenn sie aus dem Orient in den Okzident kommen.

Die gewaltsamen Auseinandersetzungen in Ägypten, Syrien und anderswo haben tiefe Wunden geschlagen und es wird nicht einfach sein, die jeweiligen Parteien miteinander zu versöhnen. Vielleicht hilft es zu wissen, dass ein politisches System, das den Namen „islamisch" verdient, ein Rechtsstaat sein muss und durch einen 'idschma' also durch den Konsens der Wähler legitimiert sein muss. Ein islamischer Staat muss nicht zwangsläufig alle anderen Religionen ausschließen. Es kann die Freiheit des Glaubens gelten lassen, wie sie auch der Prophet garantiert hat.

Ein islamischer Staat kann auch ein demokratischer Staat sein. Die Gewaltenteilung steht nicht im Widerspruch zur Schari'a. Doch die Völker, die den Islam im Laufe der Zeit zu ihrer Religion gemacht haben, kennen die Demokratie so wie sie z.B. in Deutschland gelebt und praktiziert wird, nicht aus eigener Anschauung. Stattdessen sind sie mit den Verhältnissen vor Ort konfrontiert. Nach dem Sturz des Kalifats und dem Fall des osmanischen Reiches lernten sie meist eine Kolonialzeit kennen, die rund 50 Jahre anhielt. Danach mussten sie sich mit selbst ernannten Vätern der Unabhängigkeit auseinander setzen, die häufig nur den eigenen Machterhalt im Auge hatten. Der arabische Frühling hat hier zumindest deutlich gemacht, dass auch in der arabischen Welt der Wunsch nach Gerechtigkeit und Frieden groß ist. Doch er hat auch ein Vakuum hinterlassen, das radikale Kräfte für sich zu nutzen wußten.

Vieles ist durch die nachfolgenden Auseinandersetzungen der jüngeren Zeit wie die Golfkriege und die Kriege in Afghanistan noch komplizierter geworden. In Deutschland und in Europa aber besteht die große Chance Muslime zu integrieren, sofern sie bereit sind, sich auch dem säkularen Recht zu beugen, wozu sie auch formal nach der Schari'a verpflichtet sind, wenn ihr Herkunftsstaat diplomatische Beziehungen zu Deutschland unterhält. Zeigen wir, dass wir hier aufgeschlossen genug sind, um uns dem Islam zu öffnen, so dass er sich seinerseits öffnet und bereit ist, sich den Realitäten der heutigen Welt zu stellen.

Muhammad Sameer Murtaza

Islamische Toleranz im Konflikt – Konzeptionen eines umstrittenen Begriffes

Den einen gilt der Islam als Religion im Aufbruch, den anderen als eine Religion in der Krise. Für die einen erhebt sich der Islam wie ein Phönix aus der Asche, für die anderen ist das ideologisch-politische und letztlich gewalttätige Aufbäumen dieser Religion nur Teil einer noch viel blutigeren Abwärtsspirale.

Das finale Urteil über den Zustand der islamischen Religionsgemeinschaft und ihre weitere Entwicklung können wohl nur spätere Generationen fällen. Wir im Hier und Jetzt können aber attestieren, dass der Islam zumindest eine lebendige Religion ist. Eine Religion, die sich im Umbruch befindet. Ein Umbruch vielleicht so epochenbestimmend wie für Europa und das Christentum die Zeit nach dem Dreißigjährigen Krieg.

**Religion und religiöses Wissen –
weshalb Gottes Wort auslegungsfähig ist**

Literalistischen Muslimen, aber noch viel mehr Nichtmuslimen fällt es schwer zu verstehen, dass der *Qur'an*, der nach islamischen Glauben Gottes Wort ist, auslegungsfähig ist. Wir wissen, dass menschliche Texte interpretierbar sind, aber Gottes Wort? Dabei ist der Urheber eines Textes unerheblich, sondern der Umstand, dass der Text in menschlicher Sprache verfasst ist, bedingt seine Vieldeutigkeit. Der Theologe Hans Küng schrieb so schön in seiner Dissertation: „Bekanntlich kann ein Wort zwei Sachen meinen, und zwei Worte eine Sache."[1] Die menschliche Sprache

---
[1] Küng, Hans (1986: 21).

ist vom Menschen gemacht, sie ist irdisch, mehrdeutig, begrenzt und damit endlich. Dies stellt kein kleines Problem für die heiligen Texte aller Religionen dar, denn wenn auch Gott sich dem Menschen offenbart, so tut Er dies doch in menschlicher, begrenzter und endlicher Sprache. Doch wie soll in einer irdischen Sprache Überirdisches gesagt werden? Wie soll in menschlicher Sprache Übermenschliches ausgedrückt werden? Wie soll in endlicher Sprache Unendliches übertragen werden? Wie soll das Unsagbare vermittelt werden? Wie soll etwas ausgedrückt werden, das bar jeder Mehrdeutigkeit ist? Auch die heiligen Schriften stoßen hier an ihre Grenzen; denn die menschliche Sprache war, ist und wird auch in Zukunft untauglich sein, um Metaphysisches auszudrücken. Folglich sind auch die Offenbarungen nur verzerrte Blicke auf die Wirklichkeit.[2] Ein Umstand, auf den bereits im *Qur'an* hingewiesen wird (3:7).

Ebensowenig darf übersehen werden, dass der *Qur'an* kein Monolog Gottes ist, sondern die Offenbarungen ein Resultat eines Dialogs zwischen Gott und den Menschen ist. Der *Qur'an* wurde also diskursiv offenbart.[3] Die Qur'anexegeten standen und stehen daher vor der Herausforderung, den Kontext der Offenbarung zu ermitteln, herauszufinden welchen Sitz der jeweilige Textabschnitt im Leben der Frühgemeinde hatte und was von der Offenbarung über den historischen Kontext hinausweist. Es dürfte niemanden verwundern, dass die Exegeten zu unterschiedlichen Positionen gelangten.

Der iranische Philosoph Abdolkarim Soroush hat aufgrund dessen den Muslimen wieder ins Gedächtnis gerufen, zwischen der Religion und dem religiösen Wissen zu differenzieren. Letzteres stellt das Verständnis des Menschen von seiner Religion dar.[4] Religiöses Wissen ist also Ausdrucksform des Verständnisses, das Gläubige von ihrer Religion besitzen. Es darf aber nicht mit der Religion gleichgesetzt werden, da es ein Produkt menschlicher Interpretationen ist. Dies schließt Fehlbarkeit mit ein. Soroush erinnert: „Religion ist heilig und himmlisch, aber das Verständ-

---

[2] Vgl. Hofmann, Murad Wilfried (1997: 11).
[3] Vgl. Khorchide, Mouhanad (2010: 40-41).
[4] Vgl. Soroush, Abdolkarim (2000: 15).

nis von Religion ist menschlich und irdisch. Das, was konstant bleibt, ist die Religion, das, was sich wandelt, sind das religiöse Wissen und die Erkenntnis."[5] Aus diesem Grund sind Muslime, aber auch Nichtmuslime aufgefordert, kritisch zwischen dem Wesen des Islam und seiner jeweiligen geschichtlichen Gestaltwerdung zu differenzieren. Das Wesen des Islam ist immer auch Maßstab der Beurteilung der konkreten, geschichtlichen Erscheinung des Islam. Darüber hinaus darf der ständige Begleiter des Wesens nicht vergessen werden: Das Unwesen, das pervertierte Wesen der Religion. Da das religiöse Wissen einer Religionsgemeinschaft immer unvollständig sein wird, muss es immerzu einer kritischen Untersuchung unterzogen und reformiert werden. Daher schreibt Soroush: „Es liegt bei Gott, eine Religion zu offenbaren, aber es liegt an uns, sie zu verstehen und zu realisieren. Es ist dieser Punkt, an dem das religiöse Wissen geboren wird."[6]

Toleranz – Ein umstrittener Begriff

Mit der wiederkehrenden Besinnung auf Religion, die oftmals eine unverantwortliche Besinnung und losgelöst von jeglichen historischen Bewusstsein ist, erleben wir es wieder, dass Religionen oftmals hart aufeinanderprallen. Dies geschieht nicht mehr nur an der Peripherie ihrer Einflusszonen, sondern in einer globalisierten Welt auch mitten unter uns.

Trotz aller Individualität – jeder Mensch wächst auf als Teil einer Eigengruppe (*ingroup*), zu der sich der Einzelne zugehörig fühlt und mit der er sich identifiziert. *Ingroups* können entlang von biologischen, politischen, sozialen und religiösen Linien verlaufen.

Jede *ingroup* schafft zugleich eine Fremdgruppe (*outgroup*), mit der sich das Individuum nicht identifiziert und kein Wir-Gefühl aufbauen kann.

---

[5] Ebda. (31).
[6] Ebda.

Toleranz hat es im Grunde mit Konflikten zu tun. Sie ist eine Praxis, die *dann* erforderlich wird, wenn ein Konflikt zwischen einer *ingroup* und einer *outgroup* entschärft werden soll. Toleranz beinhaltet das Versprechen, dass ein Miteinander im Dissens möglich ist.[7]

Doch was der Begriff Toleranz eigentlich beinhaltet und aussagt, darüber herrscht nicht nur zwischen den *ingroups*, sondern auch innerhalb der Eigengruppen Uneinigkeit. Die Toleranz ist somit selber ein Gegenstand von Konflikten, da unterschiedliche Konzeptionen dieses Begriffes aufeinanderstoßen. Da es also gar nicht so eindeutig ist, was unter Toleranz verstanden wird, ist es umso notwendiger sich mit unterschiedlichen Toleranz-Konzeptionen zu beschäftigen und auseinanderzusetzen.

Der Begriff Toleranz (arab. *tasāmuḥ*) ist nicht sehr alt. Er findet sich weder in der Bibel noch im *Qur'an*, sondern kam erst im Europa des 16. Jahrhunderts auf im Zusammenhang mit den Konflikten zwischen den christlichen Konfessionen. Dies bedeutet aber nicht, dass beide Schriften keine Toleranzedikte beherbergen. Allerdings ist für Muslime der Begriff *tasāmuḥ* zu Deutsch Nachsicht, Milde und Duldsamkeit im Wesentlichen ein leerer unbestimmter Behälter, den es noch theoretisch zu füllen gilt.

Nach dem Theologen und Religionswissenschaftler Gustav Mensching (gest. 1978) lässt sich der Begriff Toleranz in zwei grundlegende Konzeptionen unterteilen, nämlich eine formale Toleranz und eine inhaltliche Toleranz. Die formale Toleranz gewährt die Freiheit der religiösen Entscheidung und bewahrt die Anhänger einer Religion vor Unterdrückung, Verfolgung und Tötung.[8] Hier begegnet uns die Toleranz als ein dulden und gewähren lassen fremder Glaubensüberzeugungen. Dagegen schränkt die formale Intoleranz die religiöse Wahlfreiheit, das religiöse öffentliche Bekenntnis und das religiöse Leben ein, wie es der Fall in einem religionsfeindlichen Staat oder bei einer Staatsreligion ist.[9]

Die inhaltliche Toleranz bedeutet weder eine synkretische Einheit herzustellen, noch ein indifferentes *anything goes*, sondern hier wird eine

---

[7] Vgl. Forst, Rainer (2003: 12).
[8] Vgl. Mensching, Gustav (1996: 35).
[9] Vgl. ebda.

Achtung und positive Anerkennung gegenüber anderen metaphysischen Vorstellungen entgegengebracht, wodurch eine Zusammenarbeit und ein Miteinander erst ermöglicht wird unter gleichzeitiger Wahrung des eigenen Wahrheitsanspruches.[10] Kann eine Religion eine inhaltliche Toleranz aufbringen, so besitzt sie die Weite und Offenheit, die Begegnung mit dem Heil auch anderen Religionen zuzutrauen. Religion wird hier nicht als Endzweck verstanden, sondern als ein Mittel der erlebnishaften Begegnung mit dem Göttlichen.[11] Inhaltliche Intoleranz dagegen bedeutet, dass eine Religion einen exklusivistischen Wahrheits- und Heilsanspruch vertritt, der jeglichen Dialog überflüssig macht und einzig Mission zulässt.

Diese beiden fundamentalen Konzeptionen von Toleranz und Intoleranz begegnen uns nicht nur zwischen den Religionen, sondern selbstverständlich auch innerhalb derselben, in dem Ringen zwischen Konfessionen, Strömungen und Lehrmeinungen.

Toleranz kann niemals Indifferenz (das Fehlen einer positiven oder negativen Bewertung) bedeuten, da die zu tolerierenden Überzeugungen und/oder Praktiken des anderen als insofern wichtig erachtet werden, dass man sich überhaupt ein negatives Urteil erlaubt. Toleranz bedeutet also, so erklärt der Philosoph Rainer Forst, dass die **Ablehnungskomponente** beibehalten wird.[12]

Zur Toleranz, so Forst, gehört aber auch die **Akzeptanzkomponente**, bei der es sich um positive Gründe handelt, den anderen zu tolerieren. Dabei hebt die Akzeptanzkomponente die Ablehnungskomponente nicht auf, sondern sie werden gegenübergestellt.[13] Die Akzeptanzkomponente gibt folglich den Ausschlag, den anderen trotz der Ablehnungskomponente zu tolerieren.

Dort jedoch, wo die Ablehnungskomponente derart negativ beurteilt wird, dass sie durch die Akzeptanzkomponente nicht mehr ausgeglichen

---

[10] Vgl. ebda. (41).
[11] Vgl. ebda. (29).
[12] Vgl. Forst, Rainer (2003: 32).
[13] Vgl. ebda. (34-35).

werden kann, sprechen wir von den **Grenzen der Toleranz**, der Grenze zum Nicht-Tolerierbaren.[14]

Der Entwurf einer islamischen Wahrheits-, Heils- und Toleranzlehre aus Sicht der reformistischen *Salafiyya*[15]

Auch Gläubige müssen in der Toleranz eingeübt werden. Religionen sind nicht per se tolerant. Selbst wenn reaktionäre Phrasen wie „Islam ist Frieden" oder „Christentum, die Religion der Nächstenliebe" uns dies glauben machen wollen. Wir finden im *Qur'an* für sich stehend und isoliert betrachtet intolerante und tolerante Verse, exklusivistische wie auch inklusivistische Aussagen, jedoch keine pluralistische Position. Religionen besitzen ein Toleranzpotential, aber sie besitzen ebenso ein Intoleranzpotential. Sowohl die Bibel als auch der *Qur'an* wissen um die dunklen Seiten von Religion, wenn sie uns vom ersten Menschenmord berichten. Anlass war mitunter die Religion. Der eine Sohn Adams, dessen Opfer von Gott nicht angenommen wird, erfasst der Rausch der Wut und er erschlägt seinen Bruder.[16]

Die Gläubigen aller Religionen stehen also vor einer Grundsatzentscheidung. Welches der beiden Potentiale von Religion, Toleranz oder Intoleranz sie als fundamental und universell interpretieren und welches als kontextual. Soroush erinnert: „Religion ist heilig und himmlisch, aber das Verständnis von Religion ist menschlich und irdisch. Das, was konstant bleibt, ist die Religion, das, was sich wandelt, sind das religiöse Wissen und die Erkenntnis."[17] Deswegen ist es die Aufgabe von muslimischen Reformern, die zunächst anscheinend widersprüchlichen Aussagen des *Qur'an* in eine kohärente Interpretation zu betten.

---

[14] Vgl. ebda. (37).
[15] Zur Begriffsbestimmung Salafiyya und reformistische Salafiyya siehe meinem Beitrag Eine Ethik der Gewaltlosigkeit – Ein Ansatz des syrischen Gelehrten Jawdat Sa'id im gleichen Band.
[16] Vgl. Gaede, Gerhard (2002).
[17] Soroush, Abdolkarim (2000: 31).

Was ist Religion? Eine qur'anische Definition

Hans Küng schrieb einmal treffend: „Was *Religion* ist, läßt sich so schwierig definieren wie Kunst."[18] Recht hat er, und doch ist es wichtig, dass Muslime klar angeben, was sie unter Religion verstehen, wenn sie diesen Begriff gebrauchen. Gleichermaßen ist es wichtig, dass Muslime – wenn sie nicht am *Qur'an* vorbeireden wollen – die Definition von Religion aus der islamischen Offenbarung gewinnen.

Der islamische Gelehrte Prof. Abdoljavad Falaturi hat hierbei auf nachstehenden Vers verwiesen:

Kein Zwang im Glauben! Klar ist nunmehr das Rechte vom Irrtum unterschieden.

Wer die falschen Götter verwirft und an Gott glaubt, der hat den festesten Halt erfaßt, der nicht reißen wird. Und Gott ist hörend und wissend. (2:256)

Das Rechte ist keine Abgrenzung des Islam vom ebenso monotheistischen Judentum und mitunter Christentum, sondern einzig und allein vom Polytheismus. Es geht hier nicht um die Nomenklatur oder um Synkretismus, sondern um die Frage, was eine Religion zur Religion überhaupt macht. Die Antwort des Islam lautet: Ihr Verhältnis zu dem einen Gott.

Abraham wird im Islam zum Kronzeugen, dass es nicht um Bezeichnungen geht, sondern um das auf Gott ausgerichtet sein:

O Leute der Schrift! Warum streitet ihr über Abraham, wo die Thora und das Evangelium erst nach ihm herabgesandt wurden? Habt ihr denn keinen Verstand? Streitet über das, worüber ihr bescheid wißt! Weshalb streitet ihr über das, wovon ihr nichts wißt? Gott weiß, ihr aber wißt nicht.

Abraham war weder Jude noch Christ; vielmehr war er rechtgläubig, ein Gottergebener und keiner derer, die Gott Gefährten geben. (3:65-67)

---

[18] Küng, Hans; Ess, Josef van (1994: 12).

In diesem Geiste wehrten sich auch die frühen Muslime gegen die exklusivistischen Ansprüche der ihnen begegnenden Juden und Christen, die den Anhängern des Islam jegliches Heil absprechen wollten:

Und sie sprechen: „Ins Paradies treten ausschließlich Juden oder Christen ein." Dies sind ihre Wünsche. Sprich: „Bringt euren Beweis bei, wenn ihr die Wahrheit zu sagen glaubt." In der Tat, wer auch immer sich Gott hingibt und Gutes tut, der hat seinen Lohn bei seinem Herrn; und keine Furcht kommt über sie, und sie werden nicht traurig sein. (2:111-112)

Nach dem Qur'anexegeten Muhammad Asad steht gemäß dieses Verses das Heil allen offen, die bewusst die Einheit Gottes anerkennen und durch rechtschaffenes Handeln ihrer spirituellen Überzeugung Ausdruck verleihen.[19]

Nach Falaturi hätte der Prophet Muhammad „es gerne gesehen, wenn Juden und Christen seine Lehre annahmen und sich in die Reihe der Gläubigen seiner Lehre begaben. Wenn sie dies aber nicht taten, wie es bei vielen der Fall war, war die Ablehnung kein Grund für Muhammad, den wahren Kern in ihrer Verhaltensweise, also ihre Gottausgerichtetheit, gering zu schätzen und nicht hervorzuheben."[20]

Wahrheit, Heil und Toleranz

Der Grad der Akzeptanz- und Ablehnungskomponente gegenüber anderen Religionen und Weltanschauungen ist im Islam abhängig von deren Stellung bei Gott. Die theoretische Grundlage einer islamischen Toleranzkonzeption findet ihre Antwort in der Frage, ob der Islam anderen Religionen eine formale und sogar inhaltliche Toleranz entgegenbringen kann. Es heißt im *Qur'an*:

> Er hat euch als Religion [*dīn*] anbefohlen, was Er Noah vorschrieb und was Wir dir offenbarten und Abraham und Moses und Jesus auftrugen: am Glauben [*dīn*] festzuhalten und ihn nicht zu spalten. Schwer ist für die Götzendie-

---

[19] Vgl. Asad, Muhammad (2009: 53).
[20] Falaturi, Abdoljavad (1992: 9).

ner das, wozu du sie aufrufst. Gott erwählt dafür, wen Er will, und leitet dahin, wer sich reumütig bekehrt. (42:13)

Die Verwendung des Wortes *dīn* in diesem Vers hat nach Muhammad Asad (siehe seine Übertragung dieses Verses unten) folgende Bedeutung:

„Da, wie die Folge zeigt, der Begriff *dīn* in diesem Zusammenhang sich nicht auf „Religion" im weitesten Sinn, religiöse *Gesetze* eingeschlossen, beziehen kann – die aufgrund ihrer Eigenart in jedem folgenden Erlass anders gewesen sind (…) –, bezeichnet er hier offensichtlich nur die ethischen und spirituellen *Inhalte* von Religion, d. h. „Glauben" im allgemeinsten Sinn. Mit diesem Vers kehrt der Diskurs zurück zu dem am Anfang dieser *sura* anklingenden Thema, nämlich die unveränderliche Gleichheit der spirituellen und moralischen Prinzipien, die allen offenbarten Religionen zugrunde liegen."[21]

Die in diesem Vers erwähnte Warnung, sich nicht im Glauben zu spalten, sehen daher Muhammad Asad wie auch sein Schüler Murad Hofmann als einen unzweideutigen Bezug auf die **ökumenische Einheit aller Religionen**, die auf dem Glauben an den einen Gott beruhen.[22]

Betrachten wir nun folgenden und auf den ersten Blick eindeutig exklusivistisch lautenden Vers:

Siehe, die Religion [*dīn*] bei Gott ist der Islam. Und die, denen die Schrift gegeben wurde, wurden erst uneins, nachdem das Wissen zu ihnen gekommen war – aus Neid aufeinander. Und wer die Zeichen Gottes verleugnet – siehe, Gott ist schnell im Abrechnen. (3:19)

Die in diesem Vers stattfindende Verbindung des Wortes *dīn* mit dem Wort Islam wird zwar von den Muslimen oftmals exklusivistisch verstanden, allerdings weist Murad Hofmann daraufhin, dass dies falsch sei, da das Wort in seiner Urbedeutung verstanden werden muss, nämlich „als

---

[21] Asad, Muhammad (2009: 917).
[22] Vgl. Asad, Muhammad (2009: 917); Henning, Max; Hofmann, Murad Wilfried (2001: 387).

Hingabe an Gott und nicht als die historisch entwickelte Religion Islam."[23] Dass jene, *denen die Schrift gegeben wurde*, d. h. Juden und Christen aufgefordert werden, wieder der ursprünglichen Botschaft Gottes zu folgen, war eine Kritik an der jüdischen Vorstellung ein auserwähltes Volk zu sein und an der christlichen Auffassung der Dreifaltigkeit.

Ein weiterer Vers, der einen exklusivistischen Anspruch des Islam legitimieren könnte, lautet:

> Verlangen sie etwa eine andere Religion [*dīn*] als Gottes Religion? Ihm ergibt sich, was in den Himmeln und auf Erden ist, freiwillig oder widerwillig, und zu Ihm müssen sie alle zurück.
> Sprich: „Wir glauben an Gott und an das, was auf uns herabgesandt worden ist und was auf Abraham und Ismael und Isaak und Jakob und die Stämme herabgesandt worden war und was Moses und Jesus und den Propheten von ihrem Herrn gegeben wurde. Wir machen keinen Unterschied zwischen einen von ihnen, und Ihm sind wir ergeben."
> Wer eine andere Religion [*dīnan*] als den Islam will, sie soll von ihm nicht angenommen werden, und im Jenseits wird er verloren sein. (3:83-85)

Auch hier versteht Murad Hofmann den Begriff Islam nicht in seiner historischen Erscheinungsform, sondern in Kombination mit dem Wort *dīn* in seiner allgemeinen Bedeutung im Sinne von Hingabe an den einen und einzigen Gott[24] und damit in Übereinstimmung mit der Auslegung Muhammad Asads, sowie dem islamischen Religionsverständnis gemäß der Interpretation Falaturis.

Die oben drei aufgeführten Verse, die in der Regel herangezogen werden, um eine exklusivistische Position des Islam zu untermauern, werden also durch die Reformer mittels der Etymologie der Wörter *dīn* und Islam aufgebrochen und in einen neuen Bedeutungskontext gesetzt.

---

[23] Hofmann, Murad (1998: 38).
[24] Vgl. Henning, Max u. Hofmann, Murad Wilfried (2001: 70).

Neben diesen vermeidlich exklusivistischen Versen, finden sich im *Qur'an* aber auch eine Reihe von intoleranten Versen, die einem exklusivistischen Anspruch Auftrieb geben können. So heißt es im *Qur'an*:

> Die Ungläubigen unter (*min*) den Leuten der Schrift und die Götzendiener werden gewiss in das Feuer der Hölle kommen, um darin zu bleiben. Sie sind die schlechtesten Geschöpfe. (98:6)

Allerdings schließt dieser Vers nicht aus, dass es eben *unter den Leuten der Schrift* auch Gläubige gibt. Nur *die Götzendiener* werden als Kollektiv angesprochen (siehe auch 4:116). Aber wer sind dann die gläubigen Juden und Christen? Dazu muss man nur den vorherigen Vers lesen:

> Es war ihnen jedoch nichts anderes geboten worden, als Gott zu dienen, reinen Glaubens und lauter, und das Gebet zu verrichten und die Steuer zu zahlen; denn das ist die richtige Religion. (98:5)

Dies schließt also die Möglichkeit ein, dass es auch zur Zeit des Gesandten Gottes Muhammad und damit auch nach ihm Monotheisten gab und gibt, die zwar keine Muslime sind, jedoch Gott dienen, das Gebet verrichten und den Bedürftigen beistehen, dass heißt aus dem Glauben heraus rechtschaffend handeln. Deutlicher formulieren es die nachstehenden Verse:

> Sie sind nicht alle gleich. Unter den Leuten der Schrift gibt es eine aufrechte Gemeinde, welche die Verse Gottes zur Zeit der Nacht liest und sich niederwirft. Diese Glauben an Gott und an den Jüngsten Tag und gebieten das Rechte und verbieten das Unrechte und wetteifern in guten Werken; und sie gehören zu den Rechtschaffenen. Und was sie an Gutem tun, es wird ihnen niemals bestritten; und Gott kennt die Gottesfürchtigen. (3:113-115)

Ungläubig[25] sind also nur jene von den Leuten der Schrift, die trotz der Erkenntnis, dass der Islam die letzte Offenbarung Gottes und der Gesandte Gottes Muhammad das Siegel der Propheten ist, sich von dieser Botschaft abgewendet haben:

> Wer sich aber von dem Gesandten trennt, nachdem ihm der richtige Weg deutlich geworden war, und einem anderen Weg als dem der Gläubigen folgt, dem wollen Wir den Rücken zeigen, wie er den Rücken gezeigt hat, und wollen ihn in der Hölle brennen lassen. Und wie schlimm ist dieses Ziel! (4:115)

Folglich, so Muhammad Asad, bleibt es eine Allgemeingültigkeit, dass es unter Juden und Christen eine aufrechte Gemeinde von wahren Gläubigen gibt.[26]

Die oben aufgeführten Positionen stellen im Grunde eine Gegenüberstellung von Versen dar, bei denen die Reformer versuchen, intolerante und exklusivistische Verse durch tolerante und inklusivistische Offenbarungspassagen aufzuheben. Aber noch immer fehlt es an einem Fundament, das die Prämisse eines inklusivistischen Religionsverständnisses legitimiert.

Muhammad Asad verweist daher auf eine Versgruppe, die ein universelles Prinzip des Islam unzweideutig in den Vordergrund stellen:

> Siehe, die da glauben, auch die Juden und die Christen und die Sabäer[27] – wer immer an Gott glaubt und an den Jüngsten Tag und das Rechte tut, die haben

---

[25] Ich stimme von Denffer zu, dass der Begriff Glaubensverweigerer treffender den Sinn der qur'anischen Terminologie k×fir widergibt. „Das arab. Wort „kafara" bedeutet ursprünglich bedecken, verdecken, also hier die Wahrheit (…) zudecken (…), dann aber auch leugnen, bestreiten (…). Das hierfür bisher in Koranübersetzungen und dementsprechend in der Literatur gebrauchte Wort „ungläubig sein" ist mißverständlich. Es ist ja nicht so, dass jeder Mensch, der nicht an Allah und Muhammad (s) glaubt, überhaupt nicht gläubig sei – doch verweigert er eben den Glauben an Allah und insbesondere an Muhammad (s) als Allahs Gesandten". Denffer, Ahmad von (1997: 2).
[26] Vgl. Asad, Muhammad (2009: 128).
[27] Nach Asad handelt es sich bei den Sabäer um eine Religionsgemeinschaft, die in der Zeit nach dem Judentum, aber vor dem Christentum auftauchte. Ihr Name, so Asad, könnte aramäischen Ursprungs sein und *er tauchte sich ein (in Wasser)* bedeuten. Auf Grund dessen, sei es naheliegend zu vermuten, dass es sich hier um die Anhänger Johannes des Täufers handelt. Vgl. Asad, Muhammad (2009: 41).

ihren Lohn bei ihrem Herrn. Keine Furcht kommt über sie, und sie werden nicht traurig sein. (2:62)
Siehe, die Gläubigen und die Juden und die Sabäer und die Christen – wer da glaubt an Gott und an den Jüngsten Tag und das Rechte tut – keine Furcht soll über sie kommen, und sie sollen nicht traurig sein. (5:69)
Siehe, die Muslime und die Juden und die Sabäer und die Christen und die Magier (al-maâùs) [d. h. Zoroaster] und die Polytheisten – Gott wird gewiss am Tage der Auferstehung zwischen ihnen entscheiden. Siehe, Gott ist Zeuge aller Dinge. (22:17)

Asad sieht in diesen Versen eine grundsätzliche Lehre des Islam:

„Mit einem aufgeschlossenen Weitblick ohnegleichen in irgendeinem anderen religiösen Glauben wird hier die Vorstellung von ›Rettung und Heil‹ von nur drei Bedingungen abhängig gemacht: Glaube an Gott, Glaube an den Tag des Gerichts und rechtschaffenes Handeln im Leben."[28]

Schließlich gipfeln diese Verse in eine bemerkenswerte Aussage des *Qur'an*, der allen monotheistischen Religionen eine inhaltliche Toleranz billigt, indem sie als Heilswege anerkannt werden:

Und streitet nicht mit dem Volk der Schrift, es sei denn auf beste Art und Weise, außer mit jenen von ihnen, die unrecht handeln.
Und sprecht: „Wir glauben an das, was zu uns herabgesandt wurde und was zu euch herabgesandt wurde. Unser Gott und euer Gott ist ein und derselbe. Und Ihm sind wir ergeben." (29:46)

Hier finden wir eine Bereitschaft zum Dialog mit Juden und Christen vor, auf dem Fundament des gemeinsamen Gottesbildes, der größtenteils gemeinsamen Prophetenkette und den größtenteils gemeinsamen Offenbarungsinhalten zur gemeinsamen und friedlichen Gestaltung der Welt:

---

[28] Asad, Muhammad (2009: 41).

Sprich: „O Leute der Schrift! Kommt herbei! Einigen wir uns darauf, daß wir Gott allein dienen und nichts neben Ihn stellen und daß die einen von uns die anderen nicht zu Herren neben Gott annehmen." (3:64)

Unser Gott und euer Gott ist ein und derselbe, faktisch handelt es sich hierbei um ein Glaubensbekenntnis. Der Islam sieht sich demnach selber als Teil einer größeren, nämlich der abrahamischen Gemeinschaft und so wird es Juden und Christen nirgendswo im *Qur'an* bestritten Abrahamskinder zu sein. Durch das Hinzuziehen der Religion Zarathustras (22:17) weitet der Islam sogar den Kreis aus, indem er sich als Teil der allgemeinen monotheistischen Weltbewegung betrachtet. Hier wird also an eine ursprünglich universalistische Gott-Mensch-Beziehung angeknüpft, wie wir sie auch in der biblischen Genesis vorfinden, bevor Gott mit Moses und dem Volk Israel Seinen Bund schloss. Schließlich gingen diesem zwei Bünde voraus, der Bund Noahs und der Bund Abrahams. Unter diesem Gesichtspunkt könnte man den *Qur'an* auch als eine ökumenische Offenbarung ansehen.

Dies bedingt, so Falaturi, gegenüber anderen Gottgläubigen Respekt, „weil hinter diesem Respekt eine gewisse Identifizierung in Punkten der Gottesausgerichtetheit steht."[29] Asad sieht dies ebenso, wenn er schreibt:

„Diese Einzigartigkeit des Korans und seines Verkünders schließt jedoch keineswegs aus, daß gewisse ewige Wahrheiten auch in anderen Offenbarungsreligionen fortdauern und daß folglich ihre Anhänger auch im koranischen Sinne als >rechtlich< gelten können – vorausgesetzt, daß sie an Gottes transzendentale Einheit und Einzigkeit glauben, sich ihrer eigenen Verantwortlichkeit Ihm gegenüber bewußt sind und auch wirklich diesem Glauben gemäß leben."[30]

Trotz aller Unterschiede, trotz aller Konflikte zwischen jüdischen Stämmen und der muslimischen Frühgemeinde, trotz eines drohenden Kon-

---

[29] Falaturi, Abdoljavad (2002: 61).
[30] Szczesny, Gerhard (o.J.: 169).

fliktes mit dem christlichen Byzanz unterstreicht eine der letzten Offenbarungen an den Propheten Muhammad, dass Juden und Christen aufgrund ihrer monotheistischen Ausrichtung gesellschaftlich voll akzeptiert werden sollen, indem zu einer Tisch- und Ehegemeinschaft mit ihnen geworben wird. Letzteres bedeutete in der arabischen Gesellschaft des 7. Jahrhunderts nicht nur eine Verbindung zwischen zwei Personen, sondern zugleich ein Vergesellschaftlichungsprozess von zwei Großfamilien oder sogar zwei Stämmen, so zumindest Falaturi[31]:

> Heute sind euch alle guten Dinge erlaubt.
> Auch die Speise derer, denen die Schrift gegeben wurde, ist euch erlaubt, so wie eure Speisen ihnen erlaubt sind.
> Und (erlaubt sind euch zu heiraten) tugendhafte Frauen, die gläubige sind, und tugendhafte Frauen von denen, welchen die Schrift vor euch gegeben wurde, sofern ihr ihnen ihr Brautgeld gegeben habt und tugendhaft mit ihnen lebt, ohne Unzucht, und keine Geliebten nehmt. Wer den Glauben verleugnet, dessen Werk ist fruchtlos, und im Jenseits ist er einer der Verlorenen. (5:5)

Und auch Asad plädiert für ein Zusammenleben und Zusammenarbeiten von Muslimen und Nichtmuslimen zur Gestaltung der gemeinsamen menschlichen Zukunft.[32]

Dennoch: Muslime betrachten den Islam als die letzte und damit vollkommene Offenbarung Gottes. Eine Stufe, die aus muslimischer Sicht das Judentum und das Christentum *niemals* für sich beanspruchen können. Der Islam ist für den Muslim **Heilsweg und vollkommene Wahrheit** zugleich, während das Judentum und das Christentum Heilswege *wegen* ihrer Wahrheitsanteile sind. Nichtmuslimische Monotheisten werden, *trotzdem* sie nicht zur vollkommenen Wahrheit, dem Islam, gefunden haben, *trotz aller Unwahrheit* gerettet als ein Gnadenakt Gottes.

Einzig gegenüber dem Polytheismus und indirekt dem Atheismus zeigt sich der Islam unversöhnlich. Hier ist eine inhaltliche Toleranz nicht

---

[31] Vgl. Falaturi, Abdoljavad (1992: 16).
[32] Vgl. Szczesny, Gerhard (o.J.: 248).

mehr möglich, da die Ablehnungskomponente die Akzeptanzkomponente überwiegt. Hinsichtlich der formalen Toleranz jedoch, dürfen im Einklang mit 2:256 und Sure 109, die Rechte von Polytheisten und Atheisten nicht eingeschränkt werden. Ebenso verbietet sich jeder gutmeinende Zwang:

> Und wenn dein Herr es gewollt hätte, wären alle auf Erden allesamt gläubig geworden. Willst du etwa die Leute zwingen, gläubig zu werden? (10:99)

Ein inklusivistisches Religionsverständnis als Aspekt von Gottes Barmherzigkeit

Die hier vorgestellte Konzeption wirft jedoch die Frage auf, wenn es außerhalb des Islam Heil gibt, was hat der Islam dann noch zu bieten? Weshalb sollte man die Menschen dann noch zum Islam einladen?

Im Grunde muss der Gläubige sich fragen, ob Gottes Barmherzigkeit weit oder eng geschnürt ist. Jene, die glauben, dass Gottes Barmherzigkeit eng ist, neigen dazu, sie immer enger zu machen, bis nur noch sie und ihre Gruppe in diese eingehen. Erst sind es nur die Muslime unter Ausschluss aller anderen, die jenseitiges Heil erlangen, schließlich nur noch die eigene Konfession und letztlich nur noch die eigene Richtung innerhalb einer Konfession.

Nach den Reformern lautet die Grunderkenntnis, dass diese Schöpfung einen ersten Beweger und Schöpfer besitzt, den einen und einzigen Gott. Diese Erkenntnis ist der **Heilsweg**, die sich in der prophetischen Offenbarung konkretisiert. Aber dies klammert die Wahrheitsfrage nicht aus. Die Heilsfrage und die Wahrheitsfrage dürfen nicht vermischt werden. Der Islam ist nach muslimischem Verständnis die letzte Offenbarung Gottes und der Gesandte Muhammad, das Siegel der Propheten. Folglich ist der Islam zugleich vollkommene Wahrheit und Heilsweg. Diese Unterscheidung zwischen Heilsfrage und Wahrheitsfrage finden wir bereits im islamischen Glaubensbekenntnis:

ašhadu an lā ilāha illā 'llāhu
wa ašhadu anna muḥammada-r-rasūlu 'llāh

Ich bezeuge, dass kein Gott ist außer Allah,
und ich bezeuge, dass Muhammad der Gesandte Gottes ist.

Dieses Glaubensbekenntnis ist zweigeteilt, denn die abrahamischen Religionen beruhen auf einer doppelten Entscheidung. Der Mensch entscheidet sich zum einen für den Glauben an den einen Gott und zum anderen für die Anerkennung eines Propheten. Man entscheidet sich also für den Heilsweg und die Wahrheit. Man kann zwar zur Erkenntnis gelangen, dass es einen Gott gibt, aber dies ist kein Garant, dass man auch zu der Überzeugung gelangt, dass Muhammad der Gesandte Gottes ist. Murad Hofmann sieht dies genauso, wenn er schreibt:

„Die Unterscheidung zwischen *echten und falschen Propheten* übersteigt ebenfalls unsere intellektuellen Fähigkeiten, da wir nicht in der Lage sind, perzeptionell abgesicherte Maßstäbe an die Beurteilung metaphysischer Aussagen anzulegen. Daher ist die Anerkennung eines Propheten bzw. die Annahme einer Offenbarung keine Wissens-, sondern ebenfalls eine Glaubensentscheidung, ob sich ein Prophet nun durch ein „Wunder" legitimiert sieht oder nicht. Diese Notwendigkeit hat bezeichnenderweise im zweiteiligen islamischen Glaubensbekenntnis Niederschlag gefunden („*Lâ ilâha illâ-llâh, Muhammad rasûlu-llâh*"). Es trägt der Tatsache Rechnung, dass alle theistischen Religionen auf der doppelten Entscheidung beruhen, an Gott *und* einen (oder mehrere) Propheten zu *glauben*."[33]

Aufgrund der Fraglichkeit der Welt, unseren Erkenntnisgrenzen hinsichtlich des Metaphysischen, und weil der *Qur'an* von einem barmherzigen Gott ausgeht, der a) den Menschen als ein begrenztes, schwaches Wesen erschaffen hat (4:28) und b) der versprochen hat, keiner Seele mehr aufzubürden, als sie zu tragen vermag (2:286), glauben die Reformer, dass

---

[33] Hofmann, Murad Wilfried (1997: 12 - 13).

gleichwohl der Islam die vollkommene Wahrheit ist, Gott in seiner Barmherzigkeit den Menschen mehrere Heilswege zu Ihm geebnet hat.

Folglich ist aus Sicht dieser Muslime der Islam die Religion *für* alle Menschen, aber aus den oben genannten Gründen wird sie die Religion für alle Menschen *nicht sein*.

Literatur

Asad, Muhammad (2009): Die Botschaft des Koran. Düsseldorf.
Denffer, Ahmad von (1997): Der Koran. Die heilige Schrift des Islam in deutscher Übertragung. München
Falaturi, Abdoljavad (1992): Toleranz und Friedenstraditionen im Islam. Köln.
Falaturi, Abdoljavad (2002): Dialog zwischen Christentum und Islam. Hamburg.
Forst, Rainer (2003): Toleranz im Konflikt. Geschichte, Gehalt und Gegenwart eines umstrittenen Begriffs. Frankfurt am Main.
Gaede, Gerhard (2002): Viele Religionen – welche Wahrheit? Internet: http://www.gerhardgaede.de/startseite/texte-dokumente/viele-religionen-welche-wahrheit/ (01.10.2012).
Henning, Max; Hofmann, Murad Wilfried (2001): Der Koran. Das heilige Buch des Islam. München.
Hofmann, Murad Wilfried (1997): Ein philosophischer Weg zum Islam. Garching.
Hofmann, Murad Wilfried (1998): Der Schutz religiöser Minderheiten nach islamischem Recht in Theorie und Praxis. In: Hüneburg, Martin: Staat und Religionsfreiheit. Zwenkau.
Khorchide, Mouhanad (2010): Auf dem Weg zu einer humanistischen Qur'ānhermeneutik. In: Mohagheghi, Hamideh; Stosch, Klaus von: Moderne Zugänge zum Islam. Plädoyer für eine dialogische Theologie. Paderborn
Küng, Hans (1986): Rechtfertigung. Die Lehre Karl Barths und eine katholische Besinnung. München.
Küng, Hans; Ess, Josef van (1994): Christentum und Weltreligionen – Islam. München.
Mensching, Gustav (1996): Toleranz und Wahrheit in der Religion. Weimar.
Soroush, Abdolkarim (2000): Reason, Freedom, and Democracy in Islam. Oxford.
Szczesny, Gerhard (o.J.): Die Antwort der Religionen auf 31 Fragen. München.

Muhammad Sameer Murtaza

Die Demokratisierung der muslimischen Welt

Im 19. Jahrhundert war die muslimische Welt geprägt von politischem Despotismus, wirtschaftlichem Niedergang, wissenschaftlichem Stillstand sowie der Ausbeutung und Unterdrückung der Bevölkerung.

Der Philosoph Jamal Al-Din Al-Afghani (1838-1897) war der festen Überzeugung, dass der Despotismus den Bürger entmündigen und seine geistigen Potentiale in Ketten legen würde. Kreativität und Fortschritt würden ein Klima der Partizipation und Freiheit benötigen. Die Tyrannei, die nach der Ermordung des Kalifen Ali ibn Abi Talib (gest. 661) mit der Etablierung der Umayyaden-Dynastie in den Islam Einzug gehalten hatte, sei überlebt. Mit Blick auf die positive Entwicklung Europas, gelangte er zu der Überzeugung, dass die Demokratie die effizienteste Staatsform und deshalb am besten geeignet für eine islamische Renaissance sei. Diese Feststellung leitete er nicht aus dem *Qur'ān* ab; denn die Offenbarung spricht sich für *keine* Staatsform aus. Das Schweigen Gottes in dieser Angelegenheit deutete der Philosoph als Imperativ, die menschliche Vernunft einzusetzen, um eine Staatsform zu wählen, die zum Wohle aller ist. Welche andere Staatsform als die Demokratie biete sich besser an, um der Willkürherrschaft ein Ende zu bereiten und ein Klima der Toleranz und Meinungsfreiheit zu schaffen? Und so stellte sich bereits im 19. Jahrhundert ein muslimischer Philosoph jene Frage, die heute die ganze Welt beschäftigt: Wie kann die zutiefst von despotischer Herrschaft geprägte muslimische Welt ihren Weg zur Demokratie finden?

Al-Afghani war sich bewusst, dass die Einführung der Demokratie von heute auf morgen unmöglich sei. Der Despotismus habe zu tiefe Spuren im Denken der Orientalen hinterlassen. Sie würden bei dem ersten Anzeichen einer Krise das Vertrauen in die Demokratie verlieren und nach einem starken Führer rufen.

Der philosophische Ansatz: Der "erleuchtete" Herrscher

Als Philosoph bezweifelte Al-Afghani, dass die ausgebeutete und unmündige muslimische Bevölkerung ihr Recht auf Partizipation einfordern würde. Seit Jahrhunderten würde die *umma*, die muslimische Religionsgemeinschaft, den wechselnden Dynastien und deren Auswüchsen mit Fatalismus und Gleichgültigkeit begegnen. Obwohl sich schon 1600 gezeigt hatte, dass der Despotismus am Ende war. Allerorts zeichnete sich das gleiche Bild von der Herrschaftsunfähigkeit der Sultane und der Ausbeutung der Bevölkerung durch Steuerbelastungen ab. Die Islamwissenschaftlerin Gudrun Krämer schreibt:

Unbestritten hatte das Osmanische Reich um 1600 seinen Zenit überschritten, (…) die Expansion kam zum Stillstand, und die Kriege kosteten mehr, als sie an Beute, Steuern und Abgaben einbrachten. Hier zeigte sich, wie sehr das Reich ungeachtet seiner vergleichsweise entwickelten Verwaltung auf den Krieg gebaut war. Nach 1600 traten auch für die Zeitgenossen die Schwächen des Systems deutlicher hervor. Sie wurden und werden meist unter dem Vorzeichen des Niedergangs analysiert und auf die Unfähigkeit der Herrschenden, an ihrer Spitze der Sultane selbst, zurückgeführt. Die Stichworte lauten Harems*wirtschaft* und Janitscharen*herrschaft*: Die Söhne des Sultans wurden nicht mehr länger zur Vorbereitung auf ihre künftige Aufgabe in die Provinz geschickt, um dort praktische Erfahrung zu sammeln, sondern verbrachten ihr Leben im Harem. Dort standen sie zwangsläufig unter dem Einfluss ihrer Mütter, Frauen, Konkubinen und Eunuchen, die in der Regel auch nach ihrer Thronbesteigung einen starken Einfluss auf die Staatsgeschäfte ausübten, indem sie den Zugang zum Herrscher kontrollierten und damit zugleich die Vergabe der wichtigsten Ämter und Einkünfte; das führte zu Günstlingswirtschaft, Nepotismus, Ämterkauf und damit unweigerlich zu Korruption. (…) Tatsächlich hielten sich im 17. und 18. Jahrhundert viele Sultane aus der Politik heraus, zogen selbst auch nicht länger an der Spitze des Heeres ins Feld und überließen das Regieren hohen Militärs und Bürokraten (...).[1]

Die mangelnden Führungsqualitäten der Sultane, die aufgeblähte Verwaltung sowie wirtschaftliche Belastungen durch Dürre und Pest, führten zu ersten Auflösungserscheinungen im Osmanischen Reich. Entlassene Soldaten gründeten bewaffnete Räuberbanden, die die Bevölkerung terrorisierten. Lokale Gouverneure, die sich nicht mehr dem geschwächten Zentralstaat verantwortlich fühlten, gründeten eigene Fürstentümer. So entgingen dem ohnehin schon geschwächten Osmanischen Reich weitere Steuereinnahmen, was die Krise nur noch weiter verschärfte.[2]

Jamal Al-Din war davon überzeugt, dass die Demokratisierung der muslimischen Welt schrittweise geschehen müsse und dieser Prozess von den Herrschenden eingeleitet werden sollte. Die unmündige Bevölkerung solle durch einen "erleuchteten" Herrscher zur Demokratie geführt und erzogen werden. Sein ganzes Leben war von der Suche nach einem solchen reformwilligen Herrscher geprägt. Dem Volk misstraute er. Die zutiefst von Despotismus geprägten muslimischen Massen würden jedem folgen, der ihnen den Himmel auf Erden verspräche. Hatte sich dies nicht seit dem Tod des vierten Kalifen wiederholt bewiesen? Selbstbestimmung könnten die Menschen des Orients erst erlangen, wenn sie zur Mündigkeit erzogen wurden und überhaupt erst verstünden, was Selbstbestimmung bedeute. Sie sollten lernen, weiter zu blicken als lediglich nach einem Herrscher, der ihre essentiellen Bedürfnisse befriedigte, ansonsten sei der Mensch nichts weiter als ein Tier.

In seiner Funktion als Berater des afghanischen Herrschers Scher Ali (1825-1879) konnte er zwischen 1866 und 1869 einige seiner Reformvorstellungen umsetzen. Unter Alis Herrschaft entstanden in Afghanistan ein Kabinett nach europäischem Vorbild, eine Militärakademie und eine

---

[1] Krämer, Gudrun (2005: 225-226).
[2] Vgl. ebda. (227-228).

zivile Schule für die Stammesaristokraten. Das Steuersystem wurde von Naturalien auf Geldwirtschaft umgestellt.[3]

Jedoch war Jamal Al-Din 1869 gezwungen, das Land zu verlassen. Hintergrund waren seine antibritischen Agitationen. Der junge Scher Ali beabsichtigte aber, seine Dynastie durch eine Allianz mit den Briten zu festigen. Al-Afghani befürchtete jedoch, dass dem Land dadurch letztlich das gleiche Schicksal widerfahren würde wie dem kolonialisierten Indien. Schließlich nahmen die Spannungen zwischen dem König und seinem Berater solche Dimensionen an, dass Jamal Al-Din, wohl unter dem Vorwand eine Pilgerfahrt unternehmen zu wollen, nach Indien floh.[4] Neun Jahre später sollte sich Al-Afghanis politischer Scharfsinn bewahrheiten: Großbritannien erklärte Scher Ali den Krieg, in dessen Verlauf Afghanistan halbautonomes Protektorat wurde.[5]

Als Nächstes bemühte sich Al-Afghani, der von 1871 bis 1879 in Ägypten weilte, den Sohn des ägyptischen Vizekönigs Isma'il, Muhammad Taufiq (1852-1892) für seine Reformvorstellungen zu gewinnen. Der Sohn stand in Opposition zu seinem Vater und suchte nach Verbündeten, um diesen zu stürzen. Jamal Al-Din glaubte, Taufiq davon überzeugt zu haben, Ägypten in eine konstitutionelle Monarchie umzuwandeln. Dies sollte den ersten Schritt zu einer Demokratisierung des Landes darstellen. Das Land am Nil war zu jener Zeit durch den Bau des Suez-Kanals stark verschuldet. Die Geberländer Großbritannien und Frankreich hatten ein Dual Control eingerichtet, das die Staatsfinanzen überwachen sollte. Als sich Isma'il mit seinen Gläubigern überwarf, übten diese Druck auf den osmanischen Sultan aus, der dafür sorgte, dass Taufiq 1879 seinem Vater auf den Thron folgte. In der Erwartung, dass der neue Vizekönig die Demokratisierung Ägyptens voranbringen würde, wandte sich Al-Afghani an Taufiq, der ihn kurzerhand – wohl auch auf Druck Großbritanniens und Frankreichs – ins Exil schickte.

---

[3] Vgl. Khan, Ziaullah (2005: 145-146).
[4] Vgl. Kaloti, Sami Abdallah (1974: 45).
[5] Vgl. Schetter, Conrad (2004: 65-69) u. Srour, Hani (1977: 11).

Die Suche nach dem "erleuchteten" Herrscher führte Al-Afghani 1886 (Erstes Zwischenspiel im Iran) schließlich in den Iran. Dort zeigte sich der Schah Nasir Al-Din (1831-1896) zunächst für seine Reformideen aufgeschlossen. Der Schah hatte einige Ausgaben von Al-Afghanis kurzlebiger Zeitung *al-ʿurwa al-wutqa* (Das einigende Band) – ein Kampfblatt gegen den Kolonialismus – gelesen und war erpicht darauf, den Herausgeber kennen zu lernen. Zu dieser Zeit konkurrierten Russland und Großbritannien um eine wirtschaftliche Durchdringung des Landes. Beiden war der Aufenthalt des Störenfrieds unbehaglich, und so forderten sie vom Schah dessen Ausweisung. Wie schon in Ägypten, musste Jamal Al-Din wieder einmal das Land verlassen.

Schließlich lud ihn der Sultan Abd Al-Hamid II. (1842-1918) im Dezember 1891 nach Istanbul ein. Von 1892 bis zu seinem Tod 1897 verbrachte Al-Afghani seine letzten Jahre beim osmanischen Sultan. Dieser hatte den Reformer aber nicht eingeladen, um dem "kranken Mann am Bosporus" zu Gesundheit und neuer Kraft zu verhelfen, sondern weil er befürchtete, dass Jamal Al-Dins Bemühungen die Autorität des Osmanischen Reiches untergraben und zu Sezessionsbewegungen führen würden, vielleicht sogar zu einem vom Osmanischen Reich unabhängigen Kalifat. Insbesondere die Araber galten dem Sultan in dieser Hinsicht als suspekt.[6] Die Illusion des Interesses, die der Sultan für seinen Gast erschuf, war perfekt. Er lauschte Al-Afghanis Vorschlägen, diskutierte sie mit ihm, brachte ihn mit türkischen und iranischen Intellektuellen zusammen und ermutigte ihn, seine Ideen im Detail auszuarbeiten. Drei Jahre später erkannte Jamal Al-Din, dass er nur eine Marionette des Sultans war. Ein verzweifelter Versuch, 1895 zu fliehen, scheiterte.

Der revolutionäre Ansatz: Revolten und Attentate

Die meisten Herrscher, denen Al-Afghani begegnete, waren das genaue Gegenteil eines "erleuchteten" Herrschers. Er empfand sie als eigennützig und politisch unfähig. Es stellte sich ihm die Frage: Wenn die Unfähigkeit

---
[6] Vgl. Keddie, Nikki R. (1968: 30).

eines Despoten die nationalen Interessen eines Landes bedrohte, wie sollte man sich dann eines solchen Despoten entledigen? Es war die klassische Frage, ob der Tyrannenmord legitim ist.

Da war z. B. der ägyptischen Vizekönig Isma'il (1830-1895). Unter ihm nahm die Staatsverschuldung – wie bereits beschrieben – ein Ausmaß von 90 Millionen Pfund an. Um den Staatsbankrott abzuwenden, bat er die Gläubigerländer Großbritannien und Frankreich um Hilfe, die ein Dual Control einrichteten, das künftig den ägyptischen Staatshaushalt überwachen sollte. Die Politik Isma'ils hatte folglich Ägypten die Souveränität gekostet. Während seiner ägyptischen Phase (1871-1879) sammelte Al-Afghani einen Kreis von Schülern um sich, die er ermutigte, Zeitungsartikel gegen den Vizekönig zu verfassen. Dahinter mag die Hoffnung gestanden haben, dass, wenn die Bevölkerung über die Inkompetenz des Vizekönigs aufgeklärt werde, sich ein Volkeszorn entladen würde. Doch die sunnitischen Ägypter verharrten in ihrem Fatalismus. Selbst als Jamal Al-Din die Bauern, die am meisten unter der Steuerbelastung zu leiden hatten, zur Revolution anstachelte, erntete er ein bloßes Schulternzucken:

> Du armseliger Bauer öffnest den Schoß der Erde gerade nur, um deinen Hunger und den deiner Kinder zu stillen. Warum durchbohrst du nicht das Herz derjenigen, die die Früchte deiner kargen Arbeit ernten?[7]

Dieser sunnitische Fatalismus widerte ihn zutiefst an, denn er war aus seiner Sicht mit nichts zu entschuldigen, da die Muslime durch ihre Passivität die Tyrannei de facto unterstützten:

> Ich hasse beide, den Unterdrücker und den Unterdrückten. Den Unterdrücker, weil er unterdrückt und den Unterdrückten, weil er es hinnimmt.[8]

---

[7] Srour, Hani (1977: 127).
[8] Moazzam, Anwar (1984: 21).

In Taufiq erblickte er seinen "erleuchteten" Herrscher. Doch nun stellte sich die Frage, wie weit man gehen dürfe, um sich eines unfähigen Despoten zu entledigen. In Al-Afghani fand Taufiq wiederum den geeigneten Mitverschwörer zum Sturz seines eigenen Vaters; denn Jamal Al-Din kam zu dem Schluss, dass die Ermordung eines Despoten gerechtfertigt sei, wenn er dem Wohl des Volkes im Wege stünde und mit friedlichen Mitteln nicht zum Thronverzicht zu bewegen sei. So schloss Al-Afghani in einem markanten und einprägsamen Satz:

> Keine Reformen können erhofft werden, bevor nicht sechs oder sieben Köpfe rollen.[9]

Um das Jahr 1879 plante er zusammen mit seinem ägyptischen Schüler Muhammad Abduh ein Attentat auf den Vizekönig. Abduh wiegelte Jahre später ab, dass dies nur Gerede zwischen ihnen gewesen sei. Doch galt dies auch für Jamal Al-Din? Letztlich musste Isma'il aber gar nicht ermordet werden. Er selber sorgte für sein politisches Ende, als er sich mit den Gläubigerländern überwarf und diese ihn mit Hilfe des osmanischen Sultans zwangen, den Thron für seinen Sohn freizumachen. Kurze Zeit später entledigte sich dann Taufiq seines Mitverschwörers, indem er ihn ins Exil schickte. Al-Afghani kommentierte dieses Ereignis mit den Worten:

> Der Khedive [d. h. Vizekönig] hatte eine aufrichtige Zuneigung zu mir, bevor er den Thron bestieg, und ich war der Freund seiner Freunde und der Feind seiner Feinde.[10]

Als einen weit unfähigeren Herrscher empfand Al-Afghani den Schah Nasir Al-Din. Dieser betrieb nicht nur einen Ausverkauf der iranischen Wirtschaft an Großbritannien und Russland, er glaubte auch noch, über dem gewöhnlichen Volk zu stehen:

---

[9] Adams, Charles C. (1968: 14).
[10] Kudsi-Zadeh, A. Albert (1972: 25-35).

Der Schah: ‚Ist es richtig, dass ich als König der persischen Könige wie ein (einfacher) Bauer sein soll?' Al-Afġānī: ‚Eure Hoheit, seid Euch im Klaren, dass Eure Krone, die Macht Eurer Herrschaft und das Gefüge Eures Thrones auf der Grundlage der Verfassung mächtiger, einsatzfähiger und stabiler werden als jetzt. Der Bauer, der Arbeiter und der Handwerker sind in diesem Königreich nutzbringender als Eure Hoheit und Eure Prinzen; und erlaubt mir, meine (Pflicht in aller) Ergebenheit zu erfüllen, ehe es zu spät ist. Zweifellos hat Eure Mächtigkeit gesehen oder gehört, dass es für eine Nation möglich war, ohne einen König als Oberhaupt zu leben. Aber habt ihr einmal einen König gesehen, der ohne Nation und Volk lebte?'[11]

Die Uneinsichtigkeit des Schahs und seine eigene Popularität in der iranischen Bevölkerung rissen Al-Afghani bei seinem zweiten Aufenthalt im Iran (Zweites Zwischenspiel im Iran 1889-1891) dazu hin, dem Schah anzudrohen, notfalls auch ohne dessen Zustimmung Reformen im Iran durchzusetzen. Als Konsequenz ordnete Nasir Al-Din 1890 an, dass der Störenfried ins Exil geschickt werden solle. Doch im Iran fand Al-Afghani ein Volk vor, das im Gegensatz zu den fatalistischen sunnitischen Arabern bereit war, sich gegen den Schah zu erheben. Zunächst suchte er Zuflucht in einem schiitischen Heiligtum nahe Teheran und entging so seiner Ausweisung. Schnell wurde es zu einem Treffpunkt seiner Anhänger – unter ihnen schiitische Geistliche, Politiker, Reformer und Studenten. Während der Schah es nicht wagte, den sakrosankten Charakter des Heiligtums zu verletzen, unterwies Jamal Al-Din seine Zuhörer in die Methoden des Widerstandes. Schließlich erteilte Nasir Al-Din doch noch den Befehl, das Heiligtum 1891 zu stürmen und Al-Afghani in den Irak abzuschieben. Doch damit war sein Widerstand nicht gebrochen.

Der Schah hatte zuvor einem britischen Konsortium namens Imperial Tobacco Corporation of Persia das Monopol für Produktion, Ankauf und Export des gesamten im Iran hergestellten Tabaks für den Zeitraum von 50 Jahren verliehen. Damit wurde ein kompletter Wirtschaftszweig, in dem viele Iraner beschäftigt waren, einer ausländischen Macht übertra-

---

[11] Srour, Hani (1977: 81).

gen. Jamal Al-Din korrespondierte mit dem einflussreichen schiitischen Geistlichen Schirazi und forderte ihn auf, den Schah öffentlich anzuklagen, den Ausverkauf iranischer Interessen zu betreiben.[12] Bald schon kursierte ein Rechtsgutachten, das jeglichen Gebrauch von Tabak zu einem Vergehen gegen den verborgenen zwölften Imam der Schia erklärte. Dies hatte einen landesweiten Tabakboykott und Massenproteste zur Folge, so dass die Tabakkonzession 1892 zurückgenommen werden musste. Kurze Zeit später erschien ein neues Gutachten, das nun eindeutig Schirazi zugeordnet werden konnte und den Tabakgenuss wieder für erlaubt erklärte. Damit hatte Al-Afghani zum ersten Mal im modernen Iran eine erfolgreiche Massenbewegung ins Leben gerufen, die Geistliche, städtisches Bürgertum und modernistische Intellektuelle zusammenbrachte. Dieses Ereignis sollte der Auftakt für die Forderung nach einer Verfassung werden.

1906 musste die iranische Führung den Forderungen nach Wahlen nachgeben. Das Parlament trat im Oktober zusammen. Noch im selben Jahr trat ein nach dem Vorbild der belgischen Verfassung ausgearbeitetes Grundgesetz in Kraft. Somit wurde der Iran eine konstitutionelle Monarchie, in der die schiitische Geistlichkeit in der Legislative besondere Privilegien besaß.[13] Doch dieses demokratische Experiment fand ein jähes Ende:

> Großbritannien und Russland vereinbarten 1907 die Aufteilung Irans in drei Interessenssphären; nach einem gescheiterten Attentat ließ der Schah 1908 das Parlament beschießen und hob die Pressefreiheit auf; Unruhen zwangen ihn zur Abdankung. Die Regierung beauftragte einen amerikanischen Fachmann, William Morgan Schuster, mit der Sanierung der Staatsfinanzen, Briten und Russen protestierten gegen diesen Schritt. Schließlich besetzten russische Truppen Nordiran, der Regent, der für den minderjährigen Schah die Amtsgeschäfte führte, löste das Parlament auf und suspendierte die Verfassung.[14]

---

[12] Dieses Schreiben findet sich übersetzt in: Browne, Edward G. (2005: 27-57).
[13] Vgl. Adams, Charles C. (1968: 10-11); Gronke, Monika (2003: 92 u. 95-98); Grunebaum, Gustav Edmund von (1984: 191-193); Srour, Hani (1977: 14).
[14] Krämer, Gudrun (2005: 281).

Zwischen dem Tabakboykott und der kurzlebigen demokratischen Entwicklung im Iran steht die von Jamal Al-Din zumindest inspirierte Ermordung des Schahs Nasir Al-Din. Im Winter 1895/96 erhielt Al-Afghani in Istanbul Besuch von seinem iranischen Schüler Mirza Reza Kermani. Kermani hatte eine vierjährige Haftstrafe aufgrund seiner Kritik am Schah verbüßt. Der Gefängnisaufenthalt war nicht spurlos an ihm vorübergegangen. Aufgrund von Folter und Misshandlungen soll er nicht einmal mehr in der Lage gewesen sein, die Teetasse, die ihm Al-Afghani reichte, zu halten. Sicherlich ein verstörender Anblick für Jamal Al-Din. Was dann in dieser Nacht besprochen wurde, ist nicht bekannt. Kermani kehrte jedenfalls in den Iran zurück und erschoss im April 1896 den Schah, als dieser eben jenes Mausoleum aufsuchte, in dem Kermanis Mentor damals Zuflucht gesucht hatte. Er soll Nasir Al-Din zugerufen haben: „Nimm dies von Ǧamāl-addīn!"[15] Bis heute streitet man sich in der Wissenschaft, ob Al-Afghani seinem Schüler einen Mordauftrag gab, ihn dazu inspirierte oder Kermani auf eigene Faust handelte.

Der reformatorische Ansatz: Wandel durch eine „Graswurzelbewegung"

Seine letzten Jahre 1892 bis 1897 verbrachte Al-Afghani in Istanbul am Hof des Sultans Abd Al-Hamid II. Nach seinem gescheiterten Fluchtversuch 1895 stellte er resignierend fest:

„Ich als Gast bin Gefangener seiner Hoheit, des Sultans."[16]

Nach der Ermordung des Schahs ließ der Sultan – wohl zu seiner eigenen Sicherheit – Jamal Al-Din unter Hausarrest stellen. In seinem letzten Lebensjahr erkannte Al-Afghani, dass seine lebenslange Suche nach einem "erleuchteten" Herrscher vergebens war. Ebenso brachte die Ermordung des Schahs nicht den erhofften Regimewechsel im Iran. Der Tyrann in

---

[15] Srour, Hani (1977: 82).
[16] Ebda. (91).

einem despotischen System, so stellte er fest, ist letztlich nur ein Individuum, das durch ein anderes ersetzt werden kann. Wirkliche Veränderungen könnten nur stattfinden, wenn die Grundlagen eines despotischen Systems zerstört werden, indem sich das Denken der Menschen ändert. Durch Aufklärung müsse diese neue Denkart entstehen, die jeden Despotismus ablehnt. Es ist schwer abzuschätzen, wie niederschmetternd diese Erkenntnis für den Reformer und Philosophen gewesen sein muss, der plötzlich einsah, dass er seine Energien falsch eingesetzt und erst zu seinem Lebensende die geeignete Methode für eine Demokratisierung der muslimischen Welt gefunden hatte. Er selber würde nun nicht mehr die treibende Kraft sein, die er sich immer gewünscht hatte zu sein, was übrig blieb war, diese Erkenntnis den Reformern von morgen weiterzugeben.

In einem Brief, den Al-Afghani kurz vor seinem Tod verfasste, rief er die Muslime dazu auf, das Fundament der Tyrannei zu zerstören und nicht gegen einzelne Vertreter des Systems vorzugehen:

> Bemüht euch, so gut ihr könnt, die Fundamente des Despotismus zu zerstören und nicht gegen seine individuellen Vertreter vorzugehen. (...) Wenn ihr euch nur bemüht, euch gegen Einzelne aufzulehnen, dann verschwendet ihr eure Zeit.[17]

Jamal Al-Din hatte erkannt, dass die einfachen Muslime unter sich den Gedanken von Demokratie und Freiheit verbreiten müssten, um langfristig einen Wandel herbeizuführen. Die Muslime müssten beide Konzepte verstehen und sie dann von den Despoten einfordern. Wenn dieser keine Unterstützer mehr fände, könnte er gar nicht anders als zurückzutreten und die *umma* würde als Souverän eines wahrhaft islamischen Staates auf der Grundlage der demokratischen Willensbildung mittels ihrer gewählten Repräsentanten fortan eigenständig ihre politischen Entscheidungen treffen.

---

[17] Khan, Ziaullah (2005: 161).

Grundvoraussetzungen für eine heutige Demokratisierung der muslimischen Welt[18]

Im folgenden Abschnitt gilt es – aufbauend auf Al-Afghanis Appell, die Fundamente der Tyrannei zu zerstören – der Frage nachzugehen, welche Voraussetzungen nötig wären für eine Demokratisierung der muslimischen Welt.

Demokratie ist kein geschichtlicher Determinismus. Es werden zumindest sechs Grundbedingungen benötigt, damit wir von einer funktionsfähigen und stabilen Demokratie sprechen können:

1) Zunächst muss das internationale Klima der Demokratisierung der muslimischen Welt förderlich sein. Der Iran war 1906 auf dem Weg, eine Demokratie zu werden, jedoch haben Russland und Großbritannien dieser Entwicklung ein jähes Ende bereitet. Es lassen sich ähnliche Beispiele aufführen: In Lateinamerika haben die Vereinigten Staaten von Amerika mehrmals wesentlich dazu beigetragen, dass demokratisch gewählte Regierungen abgesetzt wurden, die nicht ihren sicherheitspolitischen und ökonomischen Interessen entsprachen. Ebenso verhinderte der Einfluss der Sowjetunion nach dem Zweiten Weltkrieg, dass Länder wie die Tschechoslowakei, Ungarn und Polen sich als Demokratien etablierten. Andererseits half die Aussicht auf Mitgliedschaft in der Europäischen Union, dass neu gegründete Demokratien in Mittel- und Osteuropa sich im Inneren stabilisierten.

2) Grundvoraussetzung für eine stabile Demokratie ist eine aktive Bürgergesellschaft. Jamal Al-Din forderte, die Fundamente der Tyrannei zu zerstören. Dies kann nur geschehen, wenn die Bürger in die Demokratie eingeübt sind. Hierzu dienen Vereine und Bürgerinitiativen, die zur Herausbildung einer demokratischen politischen Kultur dienen. So bleibt die

---

[18] Dieser Teil beruht im Wesentlichen auf: Vorländer, Hans (2008).

Demokratie als Regierungsform bürgerschaftlicher Selbstregierung lebendig.

3) Für die Funktionstüchtigkeit einer Demokratie in der muslimischen Welt ist es unerlässlich, dass die Bürger die Demokratie anerkennen und ihren Institutionen vertrauen, die Verfahren demokratischer Konfliktregulierungen und Kompromissfindungen akzeptieren und die getroffenen Entscheidungen zumindest respektieren. Nur dann ist eine Demokratie gegen Krisen und Populisten gefeit.

4) Ebenso muss eine Demokratie ein Rechtsstaat sein. Die drei Gewalten – Legislative, Exekutive und Judikative – müssen auf mehrere Staatsorgane verteilt werden, um so eine Machtkonzentration zu verhindern. Die Parteien in einer Demokratie dürfen über keine eigenen Milizen verfügen.

5) Auch eine Tyrannei der Mehrheit gilt es zu verhindern. Keine Gruppe innerhalb der Gesellschaft darf so mächtig werden, dass sie andere Gruppen (z. B. politische Gegner) und Minderheiten (z. B. Andersgläubige oder muslimische Minderheitsströmungen) unterdrücken kann. In einer Demokratie muss gegeben sein, dass die Minderheit morgen die Mehrheit stellen kann. Anders ausgedrückt: In einer Demokratie sollte es unerheblich sein, ob das Staatsoberhaupt Sunnit, Schiit oder Christ ist. Dadurch wird ein muslimischer Staat seine Identität, die durch die Verfassung festgeschrieben ist, nicht verlieren. Ebenso wenig würde ein europäischer Staat seine christliche Identität verlieren, wenn ein Bürger muslimischen Glaubens zum Staatsoberhaupt gewählt werden würde. Der Gedanke, dass ein Christ Staatsoberhaupt eines muslimischen Staates sein kann, mag für muslimische Ohren reichlich provokant klingen, jedoch kann Demokratisierung auch als Versachlichung des Staates aufgefasst werden, wenn man darunter die Verlagerung der Macht im Staat von Einzelpersonen (früher: Kalif) auf Institutionen (heute: Parlament) versteht. Sicherlich bedeutet dies eine Zäsur im politischen Denken der Muslime, da

es seit dem Tod des Gesandten Gottes Konsens bei den Sunniten ist, dass der höchste Machthaber im Staat der Kalif bzw. der Imam ist. So definierte Al-Baidawi das Imamat bzw. Kalifat folgendermaßen:

> Das Imamat ist eine Vertretung des Propheten (Gott segne ihn und schenke ihm Heil) durch eine Person bei der Durchführung von islamischen Gesetzen sowie bei der Bewahrung der Religion in einer Weise, der die gesamte islamische Gemeinschaft (umma) zu folgen hat.[19]

Jahrhundertelang galten bei den Muslimen die Kalifen als Bewahrer der Religion und der Verwaltung des irdischen Lebens gemäß dem Islam. Al-Raziq (gest. 1966) beschrieb die Bedeutung der Kalifen für die Muslime wie folgt:

> Bei den Muslimen hat der Kalif innerhalb der umma den gleichen Rang wie der Gesandte Gottes (Gott segne ihn und schenke ihm Heil) unter den Gläubigen. Er hat die allgemeine Herrschaft über sie und ihm gebührt vollständiger Gehorsam und umfassende Macht. (…) Die Religion ist für die Muslime das Wertvollste, was sie in dieser Welt kennen. Wer die Verantwortung für die Religion übernimmt, ist für das Wertvollste und das Ehrenhafteste im Leben verantwortlich. (…) Somit sind alle Ratschläge des Imams und die Notwendigkeit, ihm zu gehorchen, eine zu erfüllende religiöse Pflicht und ein verbindlicher Befehl. Der Glaube ist nur dann vollständig und die Unterwerfung unter Gottes Willen (Islam) nur dann fest verankert, wenn dies gegeben ist.[20]

In der klassischen politischen Philosophie der Muslime wurde die Macht des Kalifen nur durch die šarī'a begrenzt, da alle Muslime ihr gleichermaßen unterworfen sind. Sollte der Kalif gegen sie verstoßen, konnte er nach Ansicht einiger Gelehrten abgesetzt werden, wobei die Frage, wie ein solches Amtsenthebungsverfahren auszusehen habe, erstaunlicher-

---

[19] Ebert, Hans-Georg u. Hefny, Assem (2010: 31).
[20] Ebda. (33).

weise nie erläutert wurde.[21] Diese herausragende Rolle des Kalifen im klassischen politischen Verständnis der Muslime rührt aus der Zeit der Umayyaden-Dynastie (661-750) her, die das Kalifat sakralisierten und diese Institution als gottgewollte natürliche Ordnung legitimierten.[22] Ursprünglich, zumindest unter den ersten drei Kalifen, wurde der Kalif einzig durch die *umma* legitimiert. Durch die Sakralisierung des Kalifats wurde es zu einer unerlässlichen religiösen Pflicht, über die Konsens unter den Muslimen herrschte. Immerhin fußte dieser Konsens auf der Entscheidung der Prophetengefährten, nach dem Tod des Propheten ein solches Amt zu schaffen. Da das Kalifat als Teil der gottgewollten Ordnung betrachtet wurde, ist es nicht verwunderlich, dass man bei den Muslimen den wissenschaftlichen Zweig der Politikwissenschaft vergeblich sucht und er für sie von geringem Interesse war. Ein Umstand, der es heute Muslimen erschwert, offen gegenüber neuen politischen Modellen zu sein. Rückblickend auf die Zeit der Prophetengefährten müssten Muslime kritisch fragen, ob das Kalifat nicht eine aus der Not der Situation geborene Institution war, die aber keinen Ewigkeitscharakter besitzt. Schließlich, so hat Al-Raziq nachgewiesen, findet sich weder im *Qur'ān* noch in der *sunna* eine Beschreibung für diese Institution.[23] Vielmehr wird im *Qur'ān* von Regierung in einem sehr allgemeinen Sinne gesprochen, was eine grundsätzliche Offenheit für alle möglichen politischen Systeme bedeutet:

> O ihr, die ihr glaubt! Gehorcht Gott und gehorcht dem Gesandten und denen, die Befehl unter euch haben. Und wenn ihr in etwas uneins seid, so bringt es vor Gott und den Gesandten, sofern ihr an Gott glaubt und an den Jüngsten Tag. Dies ist das Beste und führt zum Besten. (4: 59)

> Und wenn ihnen etwas zu Ohren kommt, das Frieden oder Krieg betrifft, verbreiten sie es. Wenn sie es aber (statt dessen) dem Gesandten oder denen, die

---

[21] Vgl. ebda. (35).
[22] Vgl. ebda. (36).
[23] Vgl. ebda. (42).

Befehlsgewalt unter ihnen haben, berichteten, so würden diejenigen es erfahren, die dem nachgehen können. Und ohne Gottes Gnade gegen euch und Seine Barmherzigkeit wärt ihr sicher bis auf wenige Satan gefolgt. (4: 83)

Al-Raziq schlussfolgert bezüglich der beiden Offenbarungspassagen:

> Das Äußerste, was man zu den beiden Versen sagen kann, ist eine Bedeutung, dass unter den Muslimen einige sind, die über die Dinge zu entscheiden haben. Dies ist jedoch eine viel umfassendere und mehr allgemeine Bedeutung als das Kalifat.[24]

6) Eine Demokratie setzt die Säkularisierung voraus. Im Westen setzte sich diese Einsicht nach den blutigen Religionskriegen durch. Die muslimische Welt hatte bis in das 20. Jahrhundert hinein nichts Vergleichbares in ihrer Geschichte. Jedoch hat im 21. Jahrhundert die *umma* dieses Konfliktpotential ebenfalls für sich entdeckt. Die Säkularisierung ist deshalb für die Muslime ebenso notwendig geworden, da die heutige *umma* nicht mehr vergleichbar ist mit jener zur Zeit des Propheten Muhammad. Selbst Ordnungsbegriffe wie Sunniten, Schiiten und Wahhabiten sind nicht mehr als Sammelbezeichnungen für zahlreiche Unter-Strömungen. Sunniten, Schiiten und Wahhabiten streiten, kämpfen und töten um das Erbe des Propheten. Sie alle betrachten sich als die wahren und legitimen Muslime, während die Gegenseite sich auf dem Irrweg befindet. Wenn nun eine Konfession glaubt, im Besitz der einzig richtigen Islamauslegung zu sein, kann dies nur zu Benachteiligung und Unterdrückung anderer Konfessionen führen, vielleicht sogar zu ihrem Ausschluss aus dem politischen Prozess. Die Folgen wären womöglich eine gewaltsame Auseinandersetzung zwischen den verschiedenen islamischen Konfessionen, die zu einer Destabilisierung des Staates führen könnte. Der Islamwissenschaftler van Ess gibt zu bedenken, dass in einer Gesellschaft, die immer komplexer, immer differenzierter wird, die ursprüngliche Identität von Reli-

---

[24] Ebda. (43).

gion und Gesellschaft nicht aufrecht erhalten werden kann.[25] Daher ist es notwendig, dass Muslime anerkennen, dass heutige Gesellschaften im Unterschied zu der Zeit des Propheten pluralistisch sind. Muslime verstehen Säkularisierung häufig falsch, wenn sie sich darunter eine scharfe Trennung zwischen Religion und Staat vorstellen. Ein säkularer Staat ist in religiösen Dingen neutral, gewährt jedoch Religionsgemeinschaften die Möglichkeit, sich im öffentlichen Raum zu entfalten. Moscheen, Kirchen und Synagogen werden so zu Teilen der autonomen Bürgergesellschaft. Auf diese Weise wird die Machtkonzentration einer bestimmten Gruppe verhindert. Dies bedeutet jedoch nicht, dass die Werte des Islam nicht Grundlage eines muslimisch-säkularen Staates sein können, ist doch auch das Christentum Fundament vieler westlicher Demokratien, ohne jedoch im öffentlichen Raum bestimmte christliche Konfessionen zu bevorzugen oder ihnen gegenüber anderen Religionsgemeinschaften Privilegien zu verleihen. Es mag Muslimen schwerfallen, aber die Säkularisierung ist der muslimischen Welt im Grunde genommen nicht fremd. Murad Hofmann schreibt:

> Es ist irreführend, von einem „islamischen" Staat zu sprechen, weil eine juristische Person keine Religion haben kann. Besser wäre es, von einem Staat von Muslimen oder für Muslime zu sprechen. Der Koran enthält jedenfalls nur sehr wenige Bausteine für ein muslimisches Staatswesen; er befasst sich überhaupt nicht mit ‚Staat' im modernen Sinne, sondern mit der Gestaltung einer idealen islamischen Gesellschaft. (…) Obwohl der Islam zahlreiche Vorschriften für staatliches Handeln vorgibt, muss ein muslimischer Staat keineswegs als Theokratie verfasst sein. Der Prophet – und nur er – war gleichzeitig eine verbindliche religiöse *und* weltliche Autorität. Schon vor der neuzeitlichen Entwicklung des Staatsbegriffs haben die Muslime zwischen Diesseitigem und Jenseitigem ebenso zu unterscheiden gewusst wie zwischen Religion und politischem Handeln (din wa daula). So standen sich während der gesamten islamischen Geschichte die Regierenden (Kalif, Amir, Sultan) auf der einen Seite und die Bewahrer der Religion (Ulama) auf der anderen gegenüber, häufig im

---

[25] Vgl. Küng, Hans; Ess, Josef van (1994: 89).

Konflikt. In *diesem* Sinn hat es stets einen islamischen Säkularismus gegeben, nicht jedoch im heutigen französisch-mexikanischen Sinne eines Laizismus, welcher Religion aus dem öffentlichen Raum verbannen möchte, ja ihr letztlich nicht neutral, sondern feindlich gegenübersteht. Demgegenüber verlangt der Islam lediglich, dass Religion und Staat harmonisch auf einander bezogen und bis zu einem gewissen Grad integriert werden, wie dies in der Bundesrepublik Deutschland der Fall ist (Religionskörperschaften des öffentlichen Rechts; Kirchensteuer; staatlicher Religionsunterricht, staatlich geschützte religiöse Feiertage, Eidesleistungen, Blasphemie-Paragraph im Strafgesetzbuch, Militärseelsorge). Eine islamische Regierung hat allerdings dem koranischen Gebot zu folgen, das Rechte gebieten und das Unrecht verbieten (3: 104, 110, 114; 22: 41) muss, also Vollstrecker der Scharia im weitesten Sinne sein und ihre Gesetzgebung im Einklang mit ihr als oberster Verfassungsnorm halten.[26]

Der Islamwissenschaftler Heinz Halm gelangt zu einem ähnlichen Schluss wie Hofmann:

Zunächst einmal enthält der Koran selber keinerlei Vorschrift über eine gottgewollte Staatsform. Auch Mohammed hat keine solche vorgeschrieben; er hat nicht einmal einen Nachfolger benannt (jedenfalls nicht nach der sunnitischen Mehrheitsmeinung), so dass nach seinem Tod seine Gemeinde eine Reihe bürgerkriegsähnlicher Krisen erlebte, innere Zwistigkeiten der *umma*, welche die Frommen als gottgewollte „Prüfungen" verstanden. Zudem endet nach allgemein islamischer Auffassung mit dem Tode des Propheten die Prophetie und damit die Theokratie. (...) Eine spezifisch islamische Herrschafts- oder Staatsform gibt es also nicht; das aus den historischen Umständen erwachsene Kalifat ist wieder verschwunden, ohne eine Lücke zu hinterlassen. (...) Die religiös fundierte islamische Rechtsordnung, die scharia, dominierte selbstverständlich, aber sie war keineswegs für alles zuständig. So regelten die nichtmuslimischen Minderheiten ihre inneren Angelegenheiten weitgehend selbstständig und nach ihren eigenen Gesetzen; soweit nicht Muslime mitbetroffen waren, galt die scharia für sie nicht. Zudem regelte die scharia, deren

---

[26] Hofmann, Murad (2001: 76-77).

juristische Grundlage im 8. und 9. Jahrhundert durch Privatgelehrte entwickelt worden waren, keineswegs alle Lebensbereiche. (…) Ein weiteres, gewissermaßen scharia-freies Feld ist die Politik. Dem islamischen Herrscher wird für die Ausübung seiner Pflichten ein weiter Ermessungsspielraum eingeräumt, in dem er schalten und walten kann, wie es ihm für das Wohl des Gemeinwesens angemessen erscheint (…). (…) Ihre [d. h. der Sultane] Erlasse und Dekrete, Richtlinien und Gesetze unterscheiden sich also nicht grundsätzlich von denen europäischer Herrscher. Man durfte sie nur nicht Gesetze" nennen, denn nach der frommen Theorie ist Gott der alleinige Gesetzgeber. Also nannte man sie „Richtlinien", conones (arabisch qanun). Der osmanische Sultan Süleyman der Prächtige (1520-1566) hat denn auch wegen seiner Gesetzeskodifikation den türkischen Beinamen Qanuni. (…) Süleyman fügte in seinen Gesetzen umfangreiche Bestimmungen zum Boden-, Finanz- und Fiskalrecht hinzu. Die Osmanen-Sultane verfuhren also in ihrer Gesetzgebertätigkeit wie säkulare Herrscher, auch wenn die religiöse Theorie das nicht wahrhaben wollte.[27]

Muslime könnten die Säkularisierung als Chance einer Entideologisierung des Islam begreifen und als eine Rückkehr zu seiner zentral moralisch-metaphysischen Botschaft. Wer diesen Gedanken als ketzerisch empfindet, der verschließt die Augen vor der blutigen Gegenwart der Muslime. Tatsache ist, die ideale *umma* zerbrach unweigerlich und für alle Zeiten in jenem Moment, als der dritte Kalif Uthman ibn Affan 656 ermordet wurde. Anders ausgedrückt: Diese *umma* gibt es nicht mehr und wird es nie wieder geben.

Zusammenfassend lässt sich sagen, dass die muslimische Welt dringend eine demokratische politische Bürgerkultur benötigt. Jamal Al-Din Al-Afghani kam früh zu der Erkenntnis, dass die Demokratie die Staatsform sei, die die muslimischen Gesellschaften Teil der Moderne werden lassen. Jedoch könne der Übergang von der Tyrannei zur Demokratie nicht von heute auf morgen geschehen, da die Muslime über Jahrhunderte hinweg politisch entmündigt wurden. Es benötige einen langwierigen

---

[27] Halm, Heinz (o. J.).

Erziehungs- und Anpassungsprozess. Die Menschen im Orient müssten in der Demokratie eingeübt werden. Andernfalls würden sie bei dem ersten Anzeichen einer Krise erneut nach einem starken Führer rufen. Für eine stabile und überlebensfähige Demokratie ist ein grundlegender Demokratie befürwortender Konsens dringend notwendig, andernfalls zersplittert die Gesellschaft in politische Teilkulturen, die jeweils ihre eigenen politischen Identitäten besitzen und sich von der Demokratie abwenden. Politik und Wahlen werden dann zu Mitteln, um Partikularinteressen durchzusetzen, die letztlich darauf hinauslaufen, die Demokratie abzuschaffen.

Literatur

Adams, Charles C. (1968): Islam and Modernism in Egypt. A Study of the Modern Reform Movement inaugurated by Muçammad ʿAbduh. New York.
Badawi, Zaki (1976): The Reformers of Egypt – A Critique of Al-Afghani, ʿAbduh and Ridha. Berks.
Browne, Edward G. (2005): Sayyid Jamāl U'D-Dīn. The Protagonist of Pan-Islamism. In: Chaghatai, M. Ikram: Jamāl Al-din Al-Afghānī. An Apostle of Islamic Resurgence. Lahore: 27-57
Ebert, Hans-Georg u. Hefny, Assem (2010): Der Islam und die Grundlagen der Herrschaft. Übersetzung und Kommentar des Werkes von Alī Abd ar-Rāziq. Frankfurt am Main.
Gronke, Monika (2003): Geschichte Irans – Von der Islamisierung bis zur Gegenwart. München.
Grunebaum, Gustav Edmund von (1984): Der Islam II. Die islamischen Reiche nach dem Fall von Konstantinopel. Frankfurt.
Halm, Heinz (o.J.): Islamisches Rechts- und Staatsverständnis. Islam und Staatsgewalt. Internet: http://www.uni-tuebingen.de/orientsem/download/halm.pdf (02.05.2010).
Hofmann, Murad (2001): Islam. München.
Hourani, Albert (1962): Arabic Thought in the liberal Age 1798-1939. Cambridge.
Kaloti, Sami Abdullah (1974): The Reformation of Islam and the Impact of Jamal Al-Din Al-Afghani and Muhammad Abduh on Islamic Education. Michigan.

Khan, Ziaullah (2005): Sayyid Jamal Al-Din Al-Afghani. Al-Afghani's Encounter with Muslim Potentates. In: Chaghatai, M. Ikram: Jamāl Al-Din Al-Afghāni. An Apostle of Islamic Resurgence. Lahore: 139-171.

Keddie, Nikki R. (1968): An Islamic Response to Imperialism. Political and Religious Writings of Sayyid Jamāl ad-Dīn "al-Afghānī". Los Angeles.

Krämer, Gudrun (2005): Geschichte des Islam. München.

Kudsi-Zadeh, A. Albert (1972): Afghani and Freemansonry in Egypt. In: Journal of the American Oriental Society. Vol. 92 (1): 25-35.

Küng, Hans; Ess, Josef van (1994): Christentum und Weltreligionen – Islam. München.

Lewis, Bernard u. a. (1965): The Encyclopaedia of Islam. New Edition. II. Leiden.

Moazzam, Anwar (1984): Jamal al-Din al-Afghani. A Muslim Intellectual. New Delhi.

Ridha, Muhammad Rashid (1931): Tarikh Al Ustaz Al Imam Al Shaikh Muhammad´Abduh. Vol. I. Kairo.

Rudi, Matthee (1989): Jamal al-Din al-Afghani and the Egyptian National Debate. In: International Journal of Middle East Studies. Vol. 2 (2): 151-169.

Schetter, Conrad (2004): Kleine Geschichte Afghanistan. München.

Srour, Hani (1977): Die Staats- und Gesellschaftstheorie bei Sayyid Ğamāladdīn „Al-Afghāni". Freiburg.

Vorländer, Hans (2008): Erfolgsfaktoren für stabile Demokratien. Internet: http://www.bpb.de/publikationen/8DBFCE,0,0,Erfolgsfaktoren_f%FCr_stabile_Demokratien.html#art0 (13.10.2008).

Dr. Holger-C. Rohne

Sulha – Gewaltfreie traditionelle Konfliktbeilegung am Beispiel der palästinensischen Praxis [1]

Einleitung

Der Tagungsschwerpunkt „Gewaltlosigkeit im Islam" lädt ein zu der Überlegung, welche konfliktregulierenden Ansätze sich in islamischen Gesellschaften finden. Dabei lässt sich feststellen, dass islamisch geprägte Gesellschaften in weiten Teilen zumindest auch auf tradierte Formen der Konfliktregulierung zurückgreifen. Sie sind mitunter weit vor der Entstehung des Islams entstanden und wurden teilweise in den Islam integriert oder bestehen bis heute parallel zu diesem. Nun würde es den Rahmen dieses Beitrags sprengen, wollte man versuchen, einen Überblick über die vielfältigen Traditionen der Konfliktregulierung in islamisch geprägten Gesellschaften zu geben. Es darf hierfür auf die bislang wohl umfassendste Darstellung der Konfliktregulierungsmechanismen in nah- und mittelöstlichen Gesellschaften verwiesen werden.[2]

Der vorliegende Beitrag beschränkt sich auf die Sulha als eine solche tradierte Form der Konfliktregulierung beleuchtet. Noch heute findet die Sulha in verschiedenen arabischen Ländern Anwendung, wie etwa Jordanien, Libanon und Ägypten.[3] Nachfolgend wird die Praxis des Sulha-

---

[1] Dieser Beitrag ist eine aktualisierte Fassung der Erstveröffentlichung in der Zeitschrift für Konfliktmanagement (ZKM) 2004, S. 204-209. Der Nachdruck erfolgt mit freundlicher Genehmigung des Verlags Dr. Otto Schmidt.
[2] Albrecht et al. (Hrsg.), Conflicts and Conflict Resolution in Middle Eastern Societies – Between Tradition and Modernity, Berlin 2006.
[3] Irani, G./Funk, N.: Rituals of Reconciliation: Arab-Islamic Perspectives, in: Said, A. et al. (Hrsg): Peace and Conflict Resolution in Islam, Lanham 2001, S. 169–191 (182).

Verfahrens vorgestellt, wie es unter der palästinensischen und der arabisch-israelischen Bevölkerung Anwendung findet.[4]

Die Prinzipien der Sulha sind in ihren Ursprüngen nicht islamisch. Doch fanden sie als arabische Traditionen später Eingang in den Koran und erlangten so über den arabischen Kulturkreis hinaus auch in zahlreichen islamischen Ländern bis heute prägende Relevanz. Dementsprechend kommt auch die Frage nach Möglichkeiten gewaltloser Konfliktbeilegung im Islam nicht an der Diskussion der Sulha vorbei.[5]

Das traditionelle Sulha-Verfahren spiegelt viele kulturspezifische Besonderheiten wider, angefangen über das Verständnis von Konflikten bis hin zu deren Bearbeitung. Darüber hinaus verfügt es über ein bemerkenswertes Repertoire an nonverbalen und symbolischen Mitteln zur Konfliktbeilegung.

Dem mutmaßlich eher west- und mitteleuropäischen Leser dieses Beitrags soll die Einordnung dieser oft fremd wirkenden Eigenheiten der Sulha dadurch erleichtert werden, indem ihnen die oft gegenläufigen Vorstellungen der im west- und mitteleuropäischen Raum verbreiteten Mediation gegenüber gestellt werden. Hierdurch wird deutlich, wie sehr kulturelle Eigenheiten sowohl das Verständnis von Konflikten als auch dem Zugang zu ihrer Bearbeitung prägen.

1 Konfliktverständnis

Da die Sulha ein kulturspezifisches Konfliktbeilegungsverfahren darstellt, ist es für das weitere Verständnis wichtig, einige grundsätzliche Unterschiede zu dem westlichen Konfliktverständnis zu benennen.

---

[4] Die bisher umfassendste Beschreibung des Sulha-Verfahrens liefert das Werk von Jabbour, E.: SULHA – Palestinian Traditional Peacemaking Process, Montreat 1996, dessen Autor ein arabischer Sulha-Experte aus Shefar'Am/Israel ist. Die nachfolgenden Einzelheiten finden sich im Wesentlichen auch hierin wieder. Zusätzliche Verweise werden deshalb nur dort vorgenommen, wo dies zweckmäßig erscheint bzw. andere Quellen herangezogen wurden.

[5] Wenn im Folgenden also aus Vereinfachungsgründen von arabischem Konfliktverständnis oder arabischer Tradition gesprochen wird, so gilt dies in vielerlei Hinsicht auch für die Prägung in nicht-arabischen Gesellschaften.

Nach westlichem Verständnis sind Konflikte normale soziale Phänomene, deren Erscheinung per se wertfrei ist. Gleichzeitig bergen sie ein Potential in sich, das grundsätzlich positiv und konstruktiv nutzbar ist. Echte Konfliktparteien sind in der Regel nur diejenigen Individuen, die direkt von dem Konflikt betroffen sind.

Diese Aufzählung beinhaltet nur einige Punkte, denen das dem Sulha-Verfahren zugrunde liegende Konfliktverständnis diametral entgegensteht:

Hierin wird ein Konflikt grundsätzlich als negativ und aufgrund seines potentiell zerstörerischen Charakters als gefährlich bewertet. Er sollte deshalb nach Möglichkeit vermieden werden. Die Gruppenzugehörigkeit bildet im arabischen Konfliktverständnis ein nicht wegzudenkendes Moment, da Konflikte zwischen Individuen regelmäßig auch als unmittelbare Konflikte zwischen den Kollektiven wahrgenommen werden, denen die Individuen angehören. Dies gilt je nach den Umständen umso mehr, je schwerwiegender der Konflikt ist. Diese Kollektive sind häufig Familien und Familienverbände (hamula), können aber auch aus Gemeinschaften wie Dörfer, Stämme etc. bestehen. Einen wesentlichen Konfliktgegenstand bildet in der arabischen Kultur oft die durch den Konflikt tangierte Ehre und Würde: Ihre Wahrung bzw. Wiedererlangung ist regelmäßig das vorrangige Ziel und das essentiellste Bedürfnis der Beteiligten. Ein solches Ehrverständnis gründet sich in der Erwartung der Achtung der eigenen Integrität durch andere. Negativ formuliert bedeutet das, dass ein Verhalten, das unberechtigt in das Leben eines anderen eingreift, eine ausgedrückte Miss- oder Nichtachtung dieser Person beinhaltet und diese in ihrer Ehre verletzt. Aus diesem Grund werden Ansätze scheitern, die versuchen, primär eine rein sachliche Regelung, wie etwa eine materielle Schadlosstellung der Beteiligten, zu erreichen. Letzteres hat zwar auch in der arabischen Konfliktbearbeitung seinen Platz und seine Bedeutung, aber primär als ein Mittel, um den dahinter liegenden Konflikt der Ehrverletzung zu lösen. An verschiedenen Stellen des Beitrags werden wir auf dieses Ehrverständnis zurückkommen.[6]

2 Die Herkunft und Bedeutung von Sulha

Die Ursprünge der Sulha[7] lassen sich auf über 2000 Jahre zurückdatieren und stammen aus den Traditionen beduinischer Wüstenstämme.

Als gewohnheitsrechtliches Konfliktregulierungsverfahren ist das Sulha-Verfahren als solches nie kodifiziert worden, sondern wurde üblicherweise durch ihre Anwendung von Generation zu Generation weitergereicht.

Wie bereits erwähnt, ist die Sulha in ihrem Ursprung nicht islamisch. Infolge der späteren Adaption in den Koran haben die Prinzipien der Sulha gegenwärtig vor allem für islamisch geprägte Gesellschaften Relevanz. Doch auch heute wird die Sulha grundsätzlich unabhängig von den religiösen Grenzen praktiziert und basiert weniger auf religiösen als auf gemeinsamen soziokulturellen Werten, die für die Beteiligten die tragende Grundlage für die Akzeptanz und Durchführung des Sulha-Verfahrens bilden.

Das sachliche Anwendungsgebiet der Sulha ist grundsätzlich unbegrenzt. Es erfasst Konflikte aus dem sozialen Nahraum, wie etwa Familien- oder Nachbarschaftskonflikte, aber auch andere Streitfälle mit zivilrechtlicher Natur, wie z. B. Kaufgeschäfte. Allerdings werden auch und insbesondere strafrechtliche Fälle durch das Sulha-Verfahren effektiv behandelt, was auch solche gravierender physischer Konflikte, wie etwa

---

[6] Zum Ganzen vgl. Abu-Nimer, M.: Conflict Resolution in an Islamic Context – Some Conceptual Questions, in: Peace &Change 21 (1) 1996, S. 22–40; Taylor, P. in Jabbour, E. a. a.O. s. Fn. 1, S. 101–108 (104). – Der beduinische Richter 'Abd al-Mahdi erläutert in diesem Zusammenhang die beduinische Sicht: „Wir Beduinen jagen beständig in allen unseren Verhältnissen der Ehre nach; wir leben und sterben für Ehre und Ruhm und wir ahnden die Beschimpfung, die Verletzung der Bürgschaft, des Schutzes sowie der Heiligkeit des Zeltes und das Blutvergießen nur, um unsere verlorene Ehre zurückzufordern. Denn die meisten unserer Strafen gehen von verlorener Ehre aus." – vgl. Gräf, E.: Das Rechtswesen der heutigen Beduinen, Walldorf 1952, S. 123.
[7] Der Begriff Sulha leitet sich aus den arabischen Wörtern *sulh* bzw. *musalaha* ab, die Beilegung bzw. Versöhnung bedeuten, vgl. Jabbour, E. a.a.O. s. Fn. 1, S. 56.

Körperverletzung oder Totschlag bzw. Mord, beinhaltet. Das ist in der arabischen Kultur deshalb von so erheblicher Bedeutung, weil die Konfliktbeilegung durch Sulha häufig die einzige Alternative zu dem Selbsthilfe- bzw. Racherecht ist, das in diesen Fällen traditionell greift. Das Sulha-Verfahren ermöglicht es, den Kreislauf der Gewalt zu durchbrechen, den das Selbsthilferecht regelmäßig mit sich bringt.

Besonders innerhalb der palästinensischen Bevölkerung ist die Praxis der Sulha noch lebendig und dient häufig als einziges bzw. unverzichtbares Mittel zur effektiven Konfliktbewältigung, da entweder keine ausreichende staatliche Rechtspflege zur Verfügung steht oder diese nur sehr begrenzt konfliktregulierend wirken kann.[8]

Der Grund hierfür liegt u. a. darin, dass die in dem Sulha-Verfahren enthaltenen Prinzipien den kulturspezifischen Bedürfnissen der betroffenen Individuen und Gemeinschaften weit besser gerecht werden können als etwa ein hoheitlicher Urteilsspruch. Letzterer kann zwar eine Entscheidung treffen, aber den Prozess der Konfliktbeilegung bei den Beteiligten selber nicht herbeiführen. In der arabischen Kultur setzt dies voraus, dass das Opfer die Anerkennung und Wiederherstellung der verletzten Ehre und Rechte erfährt. Soweit dies nicht der Fall ist, ist die Gefahr der Selbsthilfe durch das gerichtliche Urteil nicht gebannt. Deshalb existiert die Sulha in diesen Fällen häufig als informelles Konfliktbeilegungsverfahren neben den formellen Formen hoheitlicher Rechtspflege. In manchen arabischen Ländern wird dabei sogar von der staatlichen Rechtspflege selber auf die außergerichtliche Konfliktbeilegung zwischen den Beteiligten durch Sulha hingewirkt.[9]

---

[8] Vgl. hierzu Fares, S./Khalidi, D.: Formal an Informal Justice in Palestine: Between Justice and Social Order, in: Albrecht et al. (Hrsg.), Berlin 2006, S. 507-524 (510 ff.).

[9] Vgl. Cohen, A.: Arab Border Villages in Israel, Manchester, 1965 S. 139; Kennett, A.: Bedouin Justice – Law and Customs among the Egyptian Beduins 1968, S. 31.

3 Das Sulha-Verfahren

Wenn im Folgenden die Sulha selber beschrieben wird, wird dieser Beschreibung die Beilegung von Gewaltkonflikten zugrunde liegen, da die Details des Sulha-Verfahrens wegen der Brisanz eines solchen Konfliktes in diesen Fällen am deutlichsten zum Ausdruck kommen. Es sei jedoch an dieser Stelle noch einmal betont, dass sich das Anwendungsfeld der Sulha nicht auf diese Fälle beschränkt und die in ihr verankerten Grundsätze der Konfliktbeilegung mit den notwendigen Modifikationen auch in anderen Konfliktkonstellationen Anwendung finden.[10]

3.1 Die Eröffnungsphase

Wie oben bereits angedeutet, hat das Opfer bzw. die Opferfamilie bei einer Verletzung an Leib oder Leben in der arabischen Kultur das Recht und die Pflicht, für die Tat Rache zu üben, um so die verletzte Ehre der Familie wiederherzustellen. Diese Form der Selbsthilfe kann sich etwa gegen das Eigentum sowie gegen Leib und Leben des Täters bzw. der Angehörigen der Täterfamilie richten. Das Sulha-Verfahren wird grundsätzlich dadurch eingeleitet, dass der Täter bzw. ein Vertreter der Täterfamilie – etwa um dem Selbsthilferecht zu entgehen – einen oder mehrere namhafte und anerkannte Männer (muslihs) aufsucht und um deren vermittelnde Hilfe in dem Konflikt bittet. Die Aufgesuchten können weitere Personen hinzuziehen und so eine Vermittlungsdelegation, die sog. jaha bilden. Die jaha besteht je nach Konfliktfall aus 1 bis 20 angesehenen und respektierten Männern. Die angesprochene Bedeutung von Ehre und Würde in der arabischen Kultur begründet auch die Auswahl und Akzeptanz der vermittelnden Dritten. Es ist im Wesentlichen ihre gesellschaftliche Stellung und ihr Ruf, der sie zur Konfliktbeilegung qualifiziert.

---

[10] Dabei gilt: Je ernster der Konflikt und seine Folgen, desto wichtiger ist die Einhaltung der Formalitäten, vgl. Smith, D.: The Rewards of Allah, in: Journal of Peace Research 26 (4) 1989, S. 385–398 (392).

Von der Täterseite um Hilfe gebeten, stattet die jaha der Opferfamilie so bald wie möglich einen Erstbesuch ab, in dem sie versucht, ihr Einverständnis zur Konfliktbeilegung zu erlangen. Je länger die jaha mit diesem Besuch wartet, desto schwieriger wird die Akzeptanz eines Sulha-Verfahrens durch die Opferfamilie. Jede Verzögerung des Versuchs, eine Konfliktbeilegung zu erreichen, hat zusätzlich beleidigende Wirkung für die Opferseite. Das beschreibt etwa die in diesem Zusammenhang gebräuchliche Formulierung: „Sie gingen schlafen, während unsere Ehre verletzt ist."[11]

Die Beauftragung durch die Täterseite legitimiert die jaha gegenüber der Opferfamilie, in dieser Sache tätig zu werden. Gleichzeitig beinhaltet sie ein Zeichen der Reue seitens der Täterfamilie und damit den ersten Schritt zur Wiederherstellung der verletzten Ehre auf der Opferseite. Die Botenschaft der jaha bringt der Opferfamilie zum Ausdruck, dass die Täterseite das Leiden der Opferfamilie anerkennt und sich ihr nur indirekt nähern und nicht durch eine direkte Begegnung weiter belasten will. Das Vorbringen des Gesuchs um ein Sulha- Verfahren durch die jaha impliziert zudem ein Schuldeingeständnis der Täterfamilie und ihre Bereitschaft, den Preis für die begangene Tat bezahlen zu wollen.

Die Einverständniserklärung wird unter Umständen nicht ohne weiteres von der Opferfamilie erteilt, weil mit ihr gleichzeitig die Aufgabe des Selbsthilferechtes verbunden ist. Die verletzte Ehre des Verletzten und der Familie verlangt es grundsätzlich, die Tat zu sühnen. In einer kontinuierlichen Überzeugungsarbeit betont die jaha die Möglichkeit und Vorteile der friedlichen Konfliktbeilegung und appelliert an die geteilten sozialen Werte sowie das erstrebenswerte Ziel der Versöhnung.

Die Einverständniserklärung zum Sulha-Verfahren erklärt das Opfer selbst oder ein Repräsentant der Familie, wodurch sie für den gesamten Familienverband verbindlich wird. Durch eine klar vernehmbare Äußerung wird damit die Handlungsbefugnis in dem Konfliktfall in die Hände der jaha gelegt. Ein Wiederansichnehmen der Konfliktbearbeitung ist

---

[11] namo 'ala hasabna, vgl. Jabbour a. a.O. s. Fn. 1, S. 29.

ausgeschlossen; es würde eine Missachtung der Mitglieder der jaha darstellen und hätte für die Opferfamilie nicht unerhebliche soziale Auswirkungen. Korrespondierend hierzu bedeutet die Abgabe der Handlungsbefugnis für die Opferfamilie, dass sie die von der jaha erzielten Verhandlungsergebnisse akzeptieren wird und muss. An dieser Stelle hat das westliche Mediationsverständnis hinsichtlich der Eigenverantwortlichkeit der Konfliktparteien seine Mühen. Da ein wesentliches Merkmal des arabischen Konfliktverständnisses die kollektive Betroffenheit ist, liegt der Schwerpunkt insoweit nicht auf der jederzeit abrufbaren Wahlfreiheit Einzelner, sondern in einer vorgelagerten und bindenden Entscheidung des betroffenen Kollektiv zur Aufgabe des Selbsthilferechts und der Anerkennung der jaha als für die Konfliktbeilegung legitimiert.

Mit dem Einverständnis der Opferfamilie zur Konfliktbeilegung mittels Sulha gewährt die Opferfamilie zunächst einen temporären Verzicht des Selbsthilferechtes; dieser Verzicht ist als hudna bekannt.[12] Diese Waffenstillstandsvereinbarung wird durch die Gewährung einer Geldsumme durch die Täterseite an die Opferfamilie, der sog. atwa, unterstützt und bekräftigt. Die Annahme der öffentlich gewährten Geldsumme bewirkt, dass sich die Opferfamilie von dem eingeschlagenen Weg der friedlichen Konfliktbeilegung nicht ohne erheblichen Gesichtsverlust entziehen kann. Soweit die Opferfamilie auf die Annahme des Geldes verzichtet, setzt sie ihr Ehrenwort als Garantie zur Einhaltung der hudna ein.[13]

3.2 Die Verhandlungsphase

Mit der Beauftragung der jaha durch die Täterfamilie und dem Erzielen des Einverständnisses der Opferfamilie geht die Initiativphase in die Verhandlungsphase über. Wie bereits angedeutet, ist es ihr Ziel, die Bedin-

---

[12] Der endgültige Verzicht der Waffenruhe erfolgt erst bei erfolgreichem Abschluss des Sulha-Verfahrens. – Synonym für hudna wird teilweise auch der Begriff atwa verwendet, vgl. etwa Irani, G./Funk, N. a.a.O. s. Fn. 4, S. 187; Gräf, E. a.a.O. s. Fn. 2, S. 79.
[13] Diese auf der Ehre beruhende Form der atwa heißt sharaf und wird als ehrwürdige Geste wahrgenommen und gewertet, vgl. Jabbour, E. a.a.O. s. Fn. 1, S. 34.

gungen zur Konfliktbeilegung zu erarbeiten und hierbei Ehre und Rechte aller Beteiligten weitestgehend wiederherzustellen bzw. zu schützen. Auch während dieser Phase ist die Täterfamilie verpflichtet, ein direktes Zusammentreffen mit Angehörigen der Opferfamilie zu vermeiden. Unter Umständen kann dies für den Täter oder die Täterfamilie für die Dauer der Verhandlungsphase sogar das Verlassen des gewohnten Lebensumfeldes bedeuten. Bei einer zufälligen Begegnung sind die Angehörigen der Täterfamilie verpflichtet, sich so schnell wie möglich zurückzuziehen, wie z.B. aus einem gemeinsam benutzten Bus auszusteigen.

3.2.1 Aufgabe der jaha

Die Aufgabe der jaha ist es, das Sulha-Verfahren zu leiten. In Form eines Shuttle-Verfahrens arbeitet sie grundsätzlich separat mit den Beteiligten. Sie beginnt in dieser Phase die Umstände des konkreten Falles zu ermitteln, indem sie etwa Angehörige der Beteiligten oder auch Dritte befragt. Ihr primäres Anliegen ist es dabei nicht, ein Urteil zu fällen, sondern die Voraussetzungen für eine Konfliktbeilegung zu schaffen und hierbei das Ansehen der beteiligten Kollektive weitestgehend zu schützen. Die verfolgten Ziele sind also Frieden und Stabilität in der betroffenen Gemeinschaft einerseits und die Wahrung bzw. Wiederherstellung von Würde und Sicherheit der Beteiligten andererseits.

In ihren Beratungen erörtert die jaha, welche Maßnahmen für eine effektive Konfliktbeilegung erforderlich sind. Erst ein einstimmiger Konsens zwischen ihnen bildet die Grundlage für das Verhandlungsergebnis, das damit auch inhaltlich nicht mehr abzuändern ist. Unter den Mitgliedern der jaha herrscht dabei der Grundsatz der Vertraulichkeit und Verschwiegenheit. Ähnlich dem westlichen Mediationsverständnis von vermittelnden Dritten ist auch die jaha neutral und allparteilich. Ihre Neutralität kommt bereits in der ausgewogenen und genauen Auswahl unbeteiligter und respektierter Persönlichkeiten zum Ausdruck. Darüber hinaus muss sie ihre Beratungen unbedingt in neutralen Räumlichkeiten abhalten. Die Allparteilichkeit – im Gegensatz zur Unparteilichkeit – liegt in dem Selbstverständnis und dem Auftrag der jaha, weitestgehend die Ehre aller Beteiligten zu wahren bzw. wiederherzustellen. Hierfür ist es unerlässlich, dass sich die Konfliktparteien als in ihren jeweiligen Bedürfnissen von der jaha wahr- und ernstgenommen erleben.[14]

3.2.2 Bestimmung und Bedeutung der Entschädigung (diya)

Ein bedeutendes Moment der Beratungen ist die Entscheidung über die Entschädigung, die der Opferfamilie zuteilwerden soll. Insbesondere bei Gewalttaten wird hierfür auf der Grundlage bereits dokumentierter Präzedenzfälle bei Leib- und Lebensschäden von der jaha ein sog. Blutgeld, die diya, bestimmt. Sie bemisst sich nach verschiedenen Faktoren, wie etwa die Folgen, die Art der Begehung, die Person des Opfers etc.[15]

Zugleich wird die diya so bestimmt, dass sie für die Täterfamilie eine spürbare Belastung darstellt. Ihre Entrichtung hat damit gleichermaßen Wiedergutmachungs- und Straffunktion. Ihre entscheidende Funktion erfüllt die diya jedoch in der Wiederherstellung der Ehre. Ihre Gewährung drückt die Verantwortungsübernahme durch die Täterfamilie ebenso aus wie die Anerkennung der verletzten Rechte der Opferfamilie und die Achtung ihrer Ehre.

3.2.3 Bekanntgabe der Entscheidung

Das Verhandlungsergebnis wird den beteiligten Familien im Rahmen eines offiziellen Besuchs der jaha mitgeteilt. Nun kann es vorkommen, dass eine Familie mit dem Ergebnis, wie etwa mit der Höhe der diya nicht einverstanden ist. Da sie durch die ursprüngliche Autorisierung der jaha

---

[14] Jabbour, E. a. a.O. s. Fn. 1, S. 46 f. beschreibt in diesem Zusammenhang eine Szene, in der eine jaha von einer Angehörigen der Opferfamilie bei ihrer Ankunft vom Dach aus mit Asche beworfen wurde. Diesem Verhalten, mit dem die Frau ihre Trauer und Wut ausdrückte, begegnete die jaha dadurch, dass sie dies über sich ergehen ließ und damit das erlebte Leid und Situation der Frau bejahte.

[15] Eine grausame Begehung oder die Schädigung von Frauen und Kindern erhöhen etwa den Betrag der diya, vgl. Jabbour, E. a. a.O. s. Fn. 1, S. 41.

diese zur Bestimmung der konfliktbeilegenden Umstände legitimiert hat, ist das von der jaha getroffene Ergebnis inhaltlich nicht mehr verhandelbar. Allerdings verfügt die jaha über keine Exekutivrechte, um ihre Entscheidung durchzusetzen, so dass das Einverständnis der betroffenen Seiten zwingend erforderlich ist. Um dies zu erreichen, treten wiederum kulturspezifische Besonderheiten zur Konsensbildung hervor. Anstatt inhaltliche Nachverhandlungen zu führen, tritt die jaha im Falle eines Dissenses mit der betroffenen Familie in einen Überzeugungsprozess. Darin legt sie ihr die Gründe für die Entscheidungen dar und erläutert sie anhand der zugrunde liegenden Präzedenzfälle. Auf diese Weise wird überzogenen subjektiven Erwartungen entgegengewirkt, die – würden sie so umgesetzt werden – als Präzedenzfall zugleich Maßstäbe für künftige Fälle setzen. Auf diese Weise kann die auf Vergleichsfällen beruhende Sulha-Praxis gefährdet werden. Gegenüber der Familie appelliert die jaha deshalb an die geteilten sozialen Normen und Werte, wie sie der betroffenen Gesellschaft und damit auch dem Sulha-Verfahren eigen sind. Darüber hinaus kann es sein, dass renommierte Außenstehende hinzugezogen werden, die die Korrektheit der Entscheidung bestätigen und gleichzeitig durch ihre Beteiligung die Rechte der Opferfamilie honorieren.

Es ist eine uns unbekannte Mischung aus Beständigkeit und sozialem Druck, die dem westlichen Autonomieverständnis Mühe macht, ein auf diese Weise abgegebenes Einverständnis noch als freiwillig zu klassifizieren. Tatsächlich verlangt es die Bereitschaft, von bekannten Definitionen der Freiwilligkeit abzulassen, um das Moment der Freiwilligkeit in diesem Verfahren zu entdecken. Im Rahmen der Konfliktbearbeitung durch das Sulha-Verfahren ist es nicht Ausdruck mangelnder Freiwilligkeit, wenn das Opfer mehrmals zur Abgabe des Einverständnisses aufgefordert wird und schließlich einwilligt. Es ist vielmehr ein Ausdruck der Achtung vor seiner Entscheidung, dass das Ergebnis geduldig an die Opferfamilie herangetragen und um ihre Unterstützung geworben wird, indem ihr die Vorzüge verdeutlicht werden. Dieses beharrliche Werben durch honorable Repräsentanten leistet zugleich einen wichtigen Beitrag dazu, die Ehre der Geschädigten wiederherzustellen, so dass schließlich die Höhe der häufig primär symbolischen diya in den Hintergrund rückt und das Ergebnis akzeptiert wird.

3.3 Der Vollzug der Konfliktbeilegung

Nach der Einigung über die Entscheidung der jaha beginnt die letzte Phase (musalaha), die den Vollzug der Konfliktbeilegung beschreibt. Erst jetzt treffen die Konfliktbeteiligten zusammen. Die Phase des Vollzugs ist zwar ein einheitliches Verfahren, vereint jedoch zwei Ebenen der Konfliktbeilegung, nämlich den Vollzug der von der jaha bestimmten sachlichen Maßnahmen sowie ein Versöhnungszeremoniell zwischen den Beteiligten. Sie beinhaltet dabei bemerkenswerte und stark kulturspezifische Rituale, deren Aussagegehalt einen autonomen Bestandteil des Sulha-Verfahrens darstellt.

Zur Vorbereitung der Vollzugsphase wird der jaha von der Opferfamilie Zeit und Ort für die Konfliktbeilegung bestimmt. Es ist wichtig, dass dies nicht durch Dritte erfolgt, sondern die Opferfamilie selbst den Zeitpunkt festlegt, in dem sie sich zur endgültigen Konfliktbeilegung bereit erklärt. Auch dies ist Bestandteil des Prozesses, die Ehre der Opferfamilie anzuerkennen bzw. wiederherzustellen. Zu der Konfliktbeilegung werden viele Einladungen an Familienmitglieder und an Angehörige der Gemeinschaft verschickt, der die Konfliktparteien angehören. Außerdem werden weitere unbeteiligte Würdenträger eingeladen, die der Konfliktbeilegung als Gäste und Zeugen beiwohnen und so den Beteiligten ihren Respekt erweisen.

Die Konfliktbeilegung selbst wird öffentlich vollzogen und folgt strengen Regeln. Aufgrund ihrer enormen symbolischen Aussagekraft stellen die einzelnen Elemente integrale Bestandteile der Befriedung des Konfliktes dar. Werden sie missachtet, gefährdet dies den Erfolg des gesamten Sulha-Verfahrens. Daran wird deutlich, dass es bei der Konfliktbeilegung nicht lediglich um die grundsätzliche Bereitschaft der Beteiligten zur Konsensfindung und einer entsprechenden sachlichen Einigung zwischen ihnen geht. Zur Wiederherstellung der häufig verletzten Ehre bedarf die

Konfliktbeilegung vielmehr eines besonderen Vollzuges, der über die Realisierung sachlicher Verhandlungsergebnisse hinausgeht und als wesentliches Moment die Versöhnung zwischen den Beteiligten beinhaltet. Das öffentliche Zeremoniell hat nicht nur eine Beweis- bzw. Proklamationsfunktion, dass sich die Beteiligten vor der Gemeinschaft zu der Konfliktbeilegung verpflichten. Es dient dem Ziel der Sulha, die Wahrung bzw. die Wiederherstellung der Ehre zu erreichen, denn die Bereitschaft zur friedlichen Konfliktbeilegung gilt in der arabischen Gemeinschaft als respektgebietendes und ehrwürdiges Verhalten.

3.3.1 Eröffnung der Konfliktbeilegung

In Gegenwart der jaha und der Gäste reiht sich die Opferfamilie an dem von ihr bestimmten öffentlichen Platz auf. Hierbei reicht die jaha einem Repräsentanten der Opferfamilie eine weiße Fahne, in die dieser einen festen Knoten bindet und sie der jaha zurückgibt. Die weiße Farbe symbolisiert den zwischen den Beteiligten den Willen zur Beilegung des Konflikts.[16]

Der öffentlich gebundene Knoten bekräftigt zugleich die Zusage, an der Gegenseite keine Rache zu üben. Nachdem diese nonverbale Zusicherung durch die Opferfamilie erfolgt ist, wird die Täterfamilie unter dem Schutz der weißen Fahne von der jaha zu dem Platz geführt, auf dem sich die Opferfamilie und die Gäste befinden. Dabei trägt entweder der Täter die Fahne oder sein Stellvertreter, falls der Täter z.B. inhaftiert ist.[17]

---

[16] Die weiße Fahne dient in der arabischen Kultur auch in anderen Zusammenhängen als wichtiger Träger von symbolisierten Botschaften, vgl. hierzu Gräf, E. a. a.O. s. Fn. 2, S. 181.
[17] Jabbour, E. a. a.O., s. Fn. 1, S. 61, berichtet in diesem Zusammenhang von Fällen, in denen der Täter für die Durchführung der Sulha vorübergehend aus der Haft entlassen wird.

3.3.2 Der Einigungsvollzug und das Handreichen zwischen Täter und Opferfamilie

Die Täterfamilie reiht sich gegenüber der Opferfamilie auf, wonach die Familien gegenseitig Grüße austauschen. Hierbei entschuldigt sich die Täterfamilie für das Geschehene, wobei die Opferfamilie die Annahme der Entschuldigung äußert.[18]

Anschließend erfolgt der Vollzug der von der jaha bestimmten Maßnahmen. Hierzu gehört die Überreichung der diya durch den Täter an die Opferfamilie. Dabei wird betont, dass die diya nicht der Preis des verletzten oder getöteten Lebens ist, sondern nur eine symbolische Wiedergutmachung darstellt. Wie bei der Annahme der atwa kann es vorkommen, dass die Opferfamilie das Geld nach dem Erhalt wieder an die Täterfamilie zurückgibt, was von den Anwesenden als besonders ehrwürdige Geste wahrgenommen wird.[19]

Anschließend passiert der Täter bzw. sein Stellvertreter unter dem Schutz der Fahne und der jaha die Opferfamilie und reicht jedem Mitglied die Hand (musafaha). Diese Momente sind entscheidende Sequenzen des Sulha-Verfahrens: Täter und Opferfamilie treten sich das erste Mal seit der Tatbegehung unter die Augen. Der Körperkontakt zwischen den Beteiligten ist eine sichtbare Bekundung der Konfliktbeilegung und enthält oft die gesamte Spannung zwischen dem aufgegebenen Racherechts und der Hinwendung zur friedlichen Konfliktbeilegung.[20] Dem folgt die verbale Bekräftigung seitens der Opferfamilie, dass der nun geschlossene Frieden Bindungswirkung für Anwesende und Abwesende gleichermaßen haben soll. Diese Beteuerung ist wichtig, da ansonsten die abwesenden Familienangehörigen die Gültigkeit der Konfliktbeilegung

---

[18] Irani, G./ Funk,N. a. a.O. s. Fn. 4, S. 184.
[19] Da das traditionelle Recht die Entrichtung einer Kompensationsleistung verlangt, nimmt die Opferfamilie in einem solchen Fall das Geld trotzdem zunächst an und gibt es anschließend wieder zurück, vgl. Jabbour, E. a. a.O. s. Fn. 1, S. 43.
[20] Vgl. hierzu auch die Ausführungen von Gopin, M.: Forgiveness as an Element of Conflict Resolution in Religious Cultures, in: Abu-Nimer,M. (Hrsg.): Reconciliation, Justice and Coexistence, Lanham 2001, S. 87–99.

wegen ihrer Abwesenheit als für sich nicht wirksam proklamieren könnten.

Sodann binden einige der honorablen Gäste der Versammlung erneut Knoten in die Fahne. Damit bezeugen und bekräftigen sie die Wirksamkeit des nun vollzogenen Friedenschlusses. Diese persönliche Beteiligung der angesehenen Persönlichkeiten erhöht die soziale Verpflichtung der Beteiligten, sich an die getroffene Vereinbarung zu halten. Der öffentliche Vollzug der Konfliktbeilegung wird nun durch – vorwiegend von neutralen Dritten gehaltene – formale Reden abgeschlossen.

3.3.3 Gemeinsames Trinken und Essen (mumalaha)

Dem folgen zwei elementare Versöhnungsrituale, die über die reine Konfliktbeilegung hinausgehen. Zunächst lädt die Opferfamilie die Täterfamilie traditionell zu einem bitteren Kaffee ein, den beide Familien gemeinsam aus einer Tasse trinken. Hiernach erfolgt die offizielle Einladung an die Opferfamilie durch einen Repräsentanten der Täterfamilie zu einem gemeinsamen Essen im Haus der Täterfamilie. Dieses gemeinsame Essen geht in seinen Ursprüngen auf eine biblische Tradition zurück, in der man gemeinsam Salz und Brot als Zeichen des Friedens teilte. Das gemeinsame Kaffeetrinken und Essen, insbesondere in den Familienheimen, haben noch heute in der arabischen Kultur besondere Bedeutung. Entsprechend sind die beiden Rituale als Abschluss des Sulha-Verfahrens von starker symbolischer Aussagekraft und hoher sozialer Bedeutung.

4 Kritische Anmerkung zur Sulha

Wie bereits erwähnt, hat das Sulha-Verfahren und die hierin enthaltenen Elemente auch heute noch sowohl in arabischen als auch in islamisch geprägten Gesellschaften praktische Bedeutung.[21] Nicht immer jedoch

---

[21] Vgl. Rohne, H.-C.: Opferperspektiven im interkulturellen Vergleich, Hamburg 2007, S. 58 f. m.w.N.

stößt Einsatz der Sulha auf Beifall bei den Beteiligten. Das gilt auch und besonders innerhalb der palästinensischen Bevölkerung:
Der Einsatz der Sulha lebt neben geteilten Wertvorstellungen auch von hinreichend gesunden sozialen Strukturen, einschließlich einer sozialen Kontrolle. Sie setzt der realistischen Gefahr des Machtmissbrauchs eine wichtige Grenze. In Zeiten umwälzender politischer Geschehnisse jedoch brechen solche Kontrollmechanismen mitunter völlig weg, gefolgt von der situationsbedingten Ausbreitung von Vorteilsannahme und Korruption. Mangels funktionierender staatlicher Regulierungsmechanismen, ist das Sulha-Verfahren dann mitunter die einzig verfügbare Form einer strukturierten innergesellschaftlichen Konfliktregulierung. In diesen Zeiten desolater sozialer Kontrolle steht das Sulha-Verfahren in besonderer Gefahr, in sein Gegenteil verkehrt zu werden: Sozial schwache Familien werden zugunsten einflussreicher Familien häufiger in nicht gewollte Ergebnisse gedrängt, ohne dass sie gegenüber der jaha oder der Täterfamilie eine ernstzunehmende Position einnehmen könnten. Gleicht die jaha dieses Ungleichgewicht nicht aus, erleben die Geschädigten neben der ursprünglichen Tat auch eine weitere Schädigung in Form einer strukturellen Gewalt.[22]

Unabhängig von den soziopolitischen Umständen wird das Sulha-Verfahren häufig auch als nicht mehr zeitgemäß empfunden.[23] Das liegt sicher daran, dass gerade bei der jüngeren Generation die tradierten Formen zunehmend von einem veränderten – zumeist individualisierten[24] – Verständnis von Konflikten, seinen Beteiligten und Möglichkeiten ihrer Bearbeitung abgelöst werden. So ermöglichen erstarkende Ressourcen einer hoheitlichen Konfliktregulierung, das Sulha-Verfahren nur

---

[22] Vgl. hierzu die Beobachtungen von Fares, S./Khalidi, D.: a.a.O. s. Fn. 8, S. 520 f.
[23] Dieses Schicksal teilt es naturgemäß mit nahezu allen tradierten Formen der Konfliktregulierung, die in einer wandelnden Gesellschaft vor der Herausforderung ihrer sozialen Legitimation stehen, vgl. hierzu die Beiträge in: Albrecht et al. (Hrsg.), a.a.O., s. Fn 2.
[24] Auf der Ebene kollektiver Konflikte findet sich dagegen ein bemerkenswert gesellschaftsbetonter Bezug, der signifikant von der Wahrnehmung innerhalb der israelischen Bevölkerung abweicht (näher hierzu vgl. die Befunde und Diskussion in Rohne, H.-C.: Opferperspektiven im interkulturellen Vergleich, Hamburg 2007, S. 176 ff.).

noch als Option für eine flankierende Beilegungsmethode wahrzunehmen.[25] Gleichzeitig stehen die dem Sulha-Verfahren zugrunde liegenden tradierten Perspektiven von Normen und Gesellschaft mitunter im Widerstreit zum heute veränderten Rechtsverständnis und dem nun auch in islamisch geprägten Gesellschaften verstärkt wachsenden Bewusstsein persönlicher Selbstbestimmung.

Das gilt vor allem für diejenigen Beteiligten eines Konflikts, denen sowohl gesellschaftlich als auch in dem traditionellen Sulha-Verfahren selbst eine untergeordnete Rolle zugewiesen wird, namentlich den Frauen. Die traditionelle Repräsentation des Kollektivs durch männliche Vertreter macht es nötig, dass die Rechte der verletzten Frauen hinreichend von der Familie und deren männlichen Repräsentanten wahrgenommen werden.

Problematisch wird dies insbesondere dann, wenn ein berechtigtes Interesse der Frau mit einem hiervon abweichenden tradierten Rechtsverständnis kollidiert. Wenn etwa eine körperlich misshandelte Ehefrau, ihren Mann verlassen will, steht dies im Konflikt mit dem tradierten Verständnis der Rolle der Frau. Eine Abweichung hiervon wird als Verletzung der Familienehre wahrgenommen. Eine Frau in dieser Situation wird in einem entsprechend traditionellen Umfeld deshalb gerade kein Schutz durch das Kollektiv und auch nicht durch das Sulha-Verfahren geboten.[26] Im Gegenteil wird eine Flucht vor dem misshandelnden Ehemann der Frau vorgeworfen und überdies als delinquent erlebtes Verhalten die Ursache für einen Konflikt bilden. Probleme dieser Art betreffen freilich nicht in erster Linie das Sulha-Verfahren als solches, sondern den Veränderungen von Normen und Werten. Die Durchführung des Sulha-Verfahrens dürfte sich dann allerdings diesen

---

[25] Vgl. zum Ganzen Fares, S./Khalidi, D.: a.a.O. s. Fn. 8.
[26] Fares, S./Khalidi, D.: a.a.O. s. Fn. 8, S. 523; Shalhoub-Kevorkian, N.: Politics, Tribal Justice and Gender: Perspectives in the Palestinian Society, in: Albrecht et al. (Hrsg.), Berlin 2006, S. 535-556 (544 ff.) m.w.N.. Sie stellt mit Blick auf die Rechtswahrnehmung der Frauen innerhalb tradierter Strukturen fest: "In general, to be born female in such a societal environment is to be born voiceless." (S. 544).

Änderungen auch nicht verschließen, sondern müsste sich hierauf einstellen.

5 Zusammenfassung und Schlussbemerkung

Das Sulha-Verfahren ist ein ausgesprochen kulturspezifisches Verfahren zur Konfliktbeilegung. Es ist geprägt von der kollektiven Verantwortlichkeit und dem Versuch, die drohende Vergeltung zugunsten gewaltfreien und nachhaltigen Beilegung abzuwenden. Die Anerkennung und Wiederherstellung der geschädigten Seite korrespondiert mit einer integrativen – und zugleich „gesichtswahrenden" – Verantwortungsübernahme für die Tat durch die Schädiger. Beides mündet in einer symbolträchtigen Zeremonie, mit der die einverständliche Beilegung öffentlich manifestiert wird.

Obwohl das Sulha-Verfahren auf eine Zeit lange vor Entstehung des Korans zurückdatiert, hat es – wenigstens mit seinen Prinzipien – u.a. Eingang in den Koran gefunden. Es prägt daher auch heute noch in vielen vorrangig islamischen Gesellschaften die Wahrnehmung und den Umgang mit Konflikten. Das gilt auch für die palästinensische Bevölkerung.

Vor allem in der jüngeren Bevölkerung und unter Frauen regt sich jedoch auch vermehrt Widerstand gegen die unveränderte Anwendung der Sulha-Prinzipien. Sie werden häufig als unzureichend, missbrauchsanfällig, patriachalisch und unzeitgemäß kritisiert. Es wäre zu untersuchen, ob und inwieweit das Sulha-Verfahren entsprechenden Modifikationen zugänglich ist.

Die gegenwärtige Anwendung der Sulha muss zudem beständig prüfen und beweisen, dass es auf einer freiwilligen Akzeptanz der Bevölkerung fußt. Das gilt insbesondere für eine religiös hergeleitete Praxis der Sulha: Denn wenn und soweit der Koran zu einer kollektiven und selbst gegenüber Andersgläubigen zwingend verbindlichen Anleitung gesellschaftlichen Lebens erklärt wird, steht die Sulha in der Gefahr, aufgezwungen zu werden. Dann aber bietet sie gerade keinen Beitrag zur gewaltlosen Konfliktbeilegung, sondern droht in Form einer strukturellen Gewalt in ihr Gegenteil verkehrt zu werden.

Mohammed Sameer Murtaza

Eine Ethik der Gewaltlosigkeit – Ein Ansatz des syrischen Gelehrten Jawdat Sa'id

Die Lage der islamischen Religionsgemeinschaft und Zivilisation in den vergangenen zweihundert Jahren zu beschreiben, ist kein einfaches Unterfangen. Ein Gemisch gewoben aus intellektueller Stagnation beginnend ab dem 13. Jahrhundert, entzog dem islamischen Boden nach und nach jegliche Kreativität des Lebens, jegliche Dynamik in Technik und Wissenschaft, jeglichen materiellen Fortschritt und jegliche Ambiguitätstoleranz.[1]

Eine ermüdete islamische Zivilisation sah sich schließlich einem wiedergeborenen Europa ausgesetzt, dessen Imperialismus und Moderne man nichts entgegenzusetzen wußte.

Diese Situation hätte eine Ouvertüre für eine eigenständige islamische Erneuerung und Moderne darstellen können; und so verwundert es nicht, dass unzählige Reformbewegungen ab dem 18. Jahrhundert allerorts in der muslimischen Welt das Tageslicht erblickten. Fast 300 Jahre später kommt man nicht umhin zu zugeben, dass eine Erneuerung des Islam größtenteils gescheitert ist. Statt der erhofften Vorwärtsbewegung brechen allerorts blutige Konflikte auf, an denen einige der einstigen Erneuerungsbewegungen mitschuldig sind. Wir erleben eine Zeit der Abrechnung, jeder ist des anderen Wolf, Sunniten kämpfen gegen Schiiten und Schiiten gegen Sunniten, Wahhabiten gegen Sufis und Schiiten, Israelis gegen Palästinenser, Palästinenser gegen Israelis, Muslime gegen Christen, säkulare Diktaturen gegen ihre Bevölkerung. Das einstige religiös begründete Tabu einen Menschen zu schaden, zu verletzen, gar zu töten,

---

[1] Vgl. Küng, Hans (2007: 479).

scheint irrelevant geworden zu sein, stattdessen findet eine Enttabuisierung statt, indem das Töten religiös legitimiert wird.

Hierdurch aber diskreditieren Muslime – und nicht nur sie – ihre Religion und berauben sie ihrer friedensstiftenden Kraft und somit ihrer Existenzberechtigung. Hans Küng schreibt allgemein über die kritische Situation von Religionen in der Gegenwart:

„In der gegenwärtigen Weltstunde kommt den Weltreligionen eine ganz besondere Verantwortung für den Weltfrieden zu. Und die Glaubwürdigkeit aller Religionen, auch der kleineren, wird künftig davon abhängen, dass sie mehr betonen, was sie eint, und weniger, was sie voneinander trennt. Denn die Menschheit kann es sich immer weniger leisten, dass Religionen auf dieser Erde Kriege schüren, statt Frieden zu stiften; dass sie Fanatisierung betreiben, statt Versöhnung zu suchen; dass sie Überlegenheit praktizieren, statt den Dialog zu üben."[2]

Während also muslimische Gelehrte und Denker weiterhin unbefangen und unentwegt über die juristische Frage publizieren, wann der Jihad als gerechter Krieg legitim ist, wie ein solcher Kampf ausgefochten werden darf und was seine Grenzen sind, schlägt der syrische, an der Al-Azhar-Universität ausgebildete, Gelehrte Jawdat Saʿid (geb. 1931) eine Gegenrichtung ein, wenn er in dieser schwierigen Zeit vom „Tod jeglichen Krieges"[3] schreibt und damit seine intellektuellen Energien in den Dienst eines islamischen Friedenspotentials stellt. Um ihn, seinen Ansatz und seine Kritik an bestimmten Realisierungen des Islam einzuordnen und zu würdigen, soll er zunächst den Strömungen der Reform- und Erneuerungsbewegungen zugeordnet werden: der *Salafiyya*.

---

[2] Küng, Hans (2008: 14-15).
[3] Said, Jawdat (o. J.[3]).

Die *Salafiyya* und das Projekt der Erneuerung des Islam

Der arabische Ausdruck *al-salaf al-salih* bezeichnet die frommen Altvorderen. Gemeint sind damit die ersten drei Generationen der Muslime. Aus dieser Frühgemeinde hat sich der Islam entwickelt. Sie ist folglich eine wichtige Instanz, wenn es um die Botschaft des Propheten Muhammad geht. Die *Salafiyya* ist allgemein gesprochen eine Rückbesinnung auf diese Gemeinde zwecks der Erneuerung. Aber inhaltlich könnten ihre Zweige nicht unterschiedlicher sein. Vereinfacht lassen sich vier Strömungen innerhalb der *Salafiyya* ausmachen:

- Die **literalistische Salafiyya** sieht einzig den *Qur'an* und die mündlichen Überlieferungen des Propheten Muhammad *(sunna)* als maßgeblich an. Die Interpretation erfolgt buchstabengetreu, also ohne das Hinzuziehen der misstrauisch beäugten Vernunft – vom Gottesdienst über die Kleidung bis zum Verhältnis zu anderen Menschen, werden die Handlungen der Gläubigen festgelegt, das 7. Jahrhundert wird sakralisiert. Anderes Verhalten wird als Abweichung vom rechten Weg verurteilt. Als Musterbeispiele für diesen Zweig der *Salafiyya* kann auf den Wahhabismus, die Taliban oder den Jamaat Tabligh verwiesen werden.

- Die **reformistische Salafiyya,** die zur Zeit des Kolonialismus und der Beschäftigung mit der europäischen Aufklärung zu Beginn des 19. Jahrhunderts aufkam, hoffte ebenso, durch die Inhalte des *Qur'an* die muslimischen Gesellschaften modernisieren zu können. Anders als die Literalisten räumten sie der Vernunft dabei einen großen Stellenwert ein. Sie kamen zu dem Schluss, dass die Offenbarung primär eine metaphysische, spirituelle und moralische Botschaft beinhalte. Da Gott nur das Nötigste und Wichtigste für die Muslime festgeschrieben habe, seien sie frei, vorteilhafte Entwicklungen voranzutreiben oder zu übernehmen. Ein zeitgenössisches Islamverständnis müsse sich der Humanität und dem Allgemeinwohl verpflichtet fühlen, da die Religion für den Menschen da sei. Damit waren diese

Denker für Themen wie Menschenrechte, Säkularisierung, Feminismus und Demokratie aufgeschlossen. Zu ihren Vertretern zählen die Philosophen Jamal Al-Din Al-Afghani und Muhammad Iqbal, die Gelehrten Muhammad Abduh, Muhammad Raschid Rida, Ali Abd Al-Raziq, Muhammad Asad und Jawdat Sa'id, sowie die Intellektuellen Qasim Amin, Malik Bennabi und Murad Hofmann.

- Als sich jedoch Anfang des 20. Jahrhunderts Ost und West allmählich als Ideologien zu verfestigen begannen und die kolonisierten Länder sich gegen den europäischen Imperialismus erhoben, drohte dem Islam die Bedeutungslosigkeit – der Sozialismus wurde in der arabischen Welt populär und der religionskritische Ton immer schärfer. In diesem Klima entwickelte sich die *ideologische Salafiyya*. In ihrer Lesart war der Islam ein System, das dem Kapitalismus und dem Kommunismus überlegen ist. Hinter diesem Denken steht der Anspruch, eine eigene Identität zu schaffen, die sich von der westlichen unterscheidet, um nach der langen Zeit des Kolonialismus und der Bevormundung wirklich autark zu sein. Der Qur'an und die Biografie des Propheten Muhammad wurden jetzt zu einer politischen Gebrauchsanweisung dafür, wie Macht erlangt und das islamische System umgesetzt werden könnte, um frei zu sein. Musterbeispiele islamisch-ideologischer Bewegungen sind die Muslimbruderschaft und die Jamaat-e-Islami.

- Während die reformistische und die ideologische *Salafiyya* Wandel durch Reformen erzielen möchte, will die *literalistisch-politische Salafiyya* ihre Ziele mittels Gewalt durchsetzen. Hier wird der politische Aktivismus der Ideologen vermengt mit einer idealisierten Lesart der islamischen Geschichte. Institutionen wie das Kalifat wurden sakralisiert und als heilsnotwendig gedeutet. An die Wiederherstellung des Kalifats knüpfen sie die Hoffnung, dass mit ihm alle historischen Risse innerhalb der muslimischen Gemeinde geschlossen werden, die Landesgrenzen aufgehoben und die Muslime, vereint unter dem Kalifen, wieder Schrittmacher der Welt werden könnten. Doch allein mit Predigen sei dies nicht zu erreichen. Der Mensch müsse weltweit von jeglicher menschlicher Herrschaft, wie eben der Demokratie, befreit werden. Der Jihad wird so zu einem revolutionärromantischen Befreiungskampf stilisiert, der die Herrschaft Gottes etablieren soll. Sowohl die Hizb At-Tahrir als auch der Kalifatstaat können diesem Spektrum der *Salafiyya* zugeordnet werden.

So unterschiedlich diese Reformer und ihre Bewegungen sind, so sehr einte sie die Radikalität nach mehr als 1.000 Jahren islamischer Theologie-, Rechts- und Exegesegeschichte, sowie den daraus gewachsenen etablierten Strukturen erneut nach dem Ursprung, dem ursprünglich islamischen, der qur'anischen Botschaft zu fragen. Dieses Zurückgehen auf die Offenbarung des Gesandten Gottes Muhammad ist die Klammer, die diese unterschiedlichen Strömungen verbindet, gleichwohl sie durch eine unterschiedliche Hermeneutik auch zu unterschiedlichen Antworten gelangten. Im Zentrum der *Salafiyya* steht also die Kritik an den mittelalterlichen Strukturen und Ansichten der muslimischen Gelehrsamkeit, denen die Schuld für die Stagnation des muslimischen Denkens gegeben wird, und ein erneutes Maßnehmen mittels des *Qur'an*. Durch die Kritik an den Traditionen erhofften sie sich Wandel, Erneuerung, Innovation und wenn man so sagen will, eine eigenständige islamische Moderne.

Jawdat Sa'id, der sich ausdrücklich in der Tradition von Jamal Al-Din Al-Afghani, Muhammad Abduh, Muhammad Asad, Malek Bennabi und Muhammad Iqbal sieht,[4] betrachtet seinen Ansatz eines gewaltfreien islamischen Widerstandsrechts ausdrücklich als eine Gegenposition zur ideologischen und literalistisch-politischen *Salafiyya*, die beide in ihrer Geschichte Gewalt als Mittel zum Zweck angewendet haben, um politische Realitäten zu verändern. Insbesondere wendet er sich gegen das Denken von Sayyid Qutbs (gest. 1966), der den Jihad als Befreiungskampf zur Errichtung einer Gottesherrschaft auf Erden deutete.[5] Sa'ids Ansatz des gewaltlosen Widerstandes ergibt sich demnach 1) aus einer Kritik an den anderen *Salafiyya*-Strömungen und deren Haltung zur Gewalt, die

---

[4] Vgl. Current Islamic Issues (1998).
[5] Vgl. Humeid, Bashar (2006).

sich in der Frage zusammenfassen lässt: Haben diese in ihrem religiösen Wissen das islamische Ur-Zeugnis hinter sich? Oder vertreten sie im Ganzen oder in bestimmten Punkten ein religiöses Wissen, das nicht vom *Qur'an* gedeckt wird?, 2) den historischen Folgen der Entfesselung von Gewalt für den Islam als Religion, für die muslimische Welt und die Menschheit insgesamt, sowie 3) an einem erneuten Maßnehmen durch den *Qur'an*.

Das gewaltlose Ethos im Islam nach Jawdat Sa'id

Zweifelsohne ist Sa'ids Ansatz eines gewaltlosen Widerstandes, der selbst jegliches Recht auf Selbstverteidigung verwirft, in der Gegenwart etwas radikal Neues und zugleich ein alternativer noch nicht begangener Weg. Seine These eröffnet er mit einem theologischen Schachzug, indem er auf die Erzählung von den beiden Söhnen Adams verweist.[6] Hierzu heißt es in der Offenbarung:

> Und verkünde ihnen der Wahrheit gemäß die Geschichte der beiden Söhne Adams, als sie ein Opfer darbrachten.
>
> Angenommen wurde es von dem einen von ihnen, aber nicht von dem anderen. Er sprach: „Wahrlich, ich schlage dich tot!"
>
> (Der andere) sprach: „Siehe, Gott nimmt nur von den Gottesfürchtigen an. Wahrlich, erhebst du auch deine Hand gegen mich, um mich totzuschlagen, so erhebe ich doch nicht meine Hand gegen dich, um dich zu erschlagen. Siehe, ich fürchte Gott, den Herrn der Welten. Siehe, ich will, dass du dir meine und deine Sünde auflädst und ein Bewohner des Feuers wirst; denn dies ist der Lohn der Missetäter."
>
> Da trieb es ihn, seinen Bruder zu erschlagen und so erschlug er ihn und wurde einer der Verlorenen.
>
> Und Gott sandte einen Raben, dass er auf dem Boden scharrte, um ihn zu zeigen, wie er die Missetat an seinem Bruder verbergen könnte.

---

[6] Vgl. Sa'īd, Jawdat (2002: 27).

Er sprach: „O weh mir! Bin ich zu kraftlos, wie dieser Rabe zu sein und die Missetat an meinem Bruder zu verbergen?" Und so wurde er reumütig.

Aus diesem Grunde haben Wir den Kindern Israels angeordnet, dass wer einen Menschen tötet, ohne dass dieser einen Mord begangen oder Unheil im Lande angerichtet hat, wie einer sein soll, der die ganze Menschheit ermordet hat. Und wer ein Leben erhält, soll sein, als hätte er die ganze Menschheit am Leben erhalten.

Und zu ihnen kamen Unsere Gesandten mit deutlichen Beweisen; aber selbst dann waren viele von ihnen (weiterhin) ausschweifend auf Erden. (5:27-32)

Damit stehen zwei Handlungen am Anfang der Menschheitsgeschichte, einmal der gewaltlose Widerstand und einmal der Mord. Da beide Söhne Adams im *Qur'an* namenslos bleiben, berichtet die Erzählung als Gattungsform der Urgeschichte ungeschichtlich von der ältesten Periode der Menschheitsgeschichte. Dadurch gibt sie inhaltlich immer und überall erfahrbare Grundzüge des Menschseins wieder, indem diese narrativ in die Uranfänge zurückversetzt werden. Deswegen gibt der *Qur'an* ihnen auch keine Namen, da jeder Mensch ein Sohn Adams ist. Hier soll also etwas Grundsätzliches und universelles berichtet werden. In der ausführlichen Wiedergabe der Rede des später ermordeten Sohnes Adams sieht Sa'id ein Ethos formuliert, das der Menschheit eine neue Morgenröte bereiten könnte, nämlich den Verzicht auf jegliche Handlung, die Gewalt beinhaltet, selbst bis hin zur Aufgabe des Rechts auf Selbstverteidigung[7]: **Wahrlich, erhebst du auch deine Hand gegen mich, um mich totzuschlagen, so erhebe ich doch nicht meine Hand gegen dich, um dich zu erschlagen.**

Diese Handlungsweise stellt nach Sa'id kein singuläres Phänomen dar, sondern ist eine prophetische Handlungsmaxime:[8]

---

[7] Vgl. Said, Jawdat (o. J.³).
[8] Vgl. Sa'īd, Jawdat (2002: 43-50).

- In der Noah-Erzählung heißt es: Und trage ihnen die Geschichte Noahs vor, als er zu seinem Volke sprach: „O mein Volk! Wenn euch mein Aufenthalt und mein Ermahnen mit Gottes Botschaft auch lästig ist, so vertraue ich doch auf Gott. Ihr und euere Götter einigt euch unbeirrt über euer Vorgehen. Entscheidet über mich und gebt mir keine Frist. (10:71)
- Während in der Moses-Erzählung steht: Wir entsandten schon Moses mit Unseren Zeichen und mit eindeutiger Vollmacht zu Pharao und Haman und Korah, doch sie sagten: „Ein Zauberer! Ein Lügner!" Und als er mit der Wahrheit von Uns zu ihnen kam, sagten sie: „Tötet die Söhne derer, die seinen Glauben teilen, laßt aber ihre Frauen leben." Aber die Anschläge der Glaubensverweigerer schlugen fehl. Da sprach Pharao: „Laßt mich Moses töten – soll er doch seinen Herrn rufen! Denn ich fürchte, er ändert eueren Glauben oder läßt im Lande Unheil entstehen." Moses aber sprach: „Ich nehme meine Zuflucht zu meinem Herrn vor einem jeden Hochmütigen, der an den Tag der Rechenschaft nicht glaubt." (40:23-27)
- Ähnlich steht in der Hud-Erzählung geschrieben: Und zu den Ad (sandten Wir) ihren Bruder Hud. Er sprach: „O mein Volk, dient Gott; ihr habt keinen Gott außer Ihm. Wollt ihr (Ihn) nicht fürchten?" Die Anführer der Glaubensverweigerer seines Volkes sprachen: „Wahrlich, wir sehen dich in Torheit befangen. In der Tat, wir erachten dich für einen Lügner." Er sprach: „O mein Volk! An mir ist keine Torheit, sondern ich bin ein Gesandter vom Herrn der Welten. Ich bestelle euch die Botschaft meines Herrn, und ich bin euch ein treuer Berater (7:65-68)
- Analog heißt es in der Schuʿayb-Erzählung: Die Wortführer der Hochtrabenden seines Volkes sprachen: „Wahrlich, wir werden dich aus unseren Städten heraustreiben, o Schuayb, samt den Gläubigen, die bei dir sind, es sei denn, ihr kehrt zu unserer Religion zurück." Er sprach: „Etwa auch, wenn sie uns ein Gräuel ist? Wenn wir zu euerer Religion zurückkehrten, würden wir gegen Gott eine Lüge ersinnen, nachdem uns Gott aus ihr befreite. Wir kehren nicht zu ihr zurück,

es sei denn, Gott, unser Herr, wollte es. Unser Herr umfaßt alle Dinge mit Seinem Wissen. Auf Gott vertrauen wir. Unser Herr, entscheide nach der Wahrheit zwischen uns und unserem Volk: Du bist der beste Richter." (7:88-89)

- Und schließlich heißt es in der Jesus-Erzählung: Und Er wird ihm das Buch und die Weisheit und die Thora und das Evangelium lehren und ihn zu den Kindern Israels entsenden: „Siehe, ich komme mit einem Zeichen von euerem Herrn zu euch. Wahrlich, ich will euch aus Ton die Gestalt eines Vogels formen und in sie hauchen. Und mit Gottes Erlaubnis soll sie ein Vogel werden. Und ich will den Blindgeborenen und Aussätzigen heilen und mit Gottes Erlaubnis die Toten lebendig machen, und ich will euch verkünden, was ihr essen und was ihr in eueren Häusern aufspeichern sollt. Siehe, hierin ist wahrlich ein Zeichen für euch, wenn ihr gläubig seid. Und (ich komme zu euch) als ein Bestätiger der Thora, die bereits vor mir da war, und um euch einen Teil von dem zu erlauben, was euch verboten war. Und ich komme zu euch mit einem Zeichen von euerem Herrn. So fürchtet Gott und gehorcht mir. Gott ist ja mein Herr und euer Herr. So betet zu ihm. Das ist der gerade Weg." Und als Jesus ihren Unglauben wahrnahm, sprach er: „Welches sind meine Helfer auf dem Weg zu Gott?" Die Jünger sprachen: „Wir sind Gottes Helfer. Wir glauben an Gott und bezeugen, dass wir gottergeben sind. Unser Herr, wir glauben an das, was Du herabgesandt hast, und folgen dem Gesandten. Darum zähle uns unter die Bezeugenden." (3:48-53)

Anhand dieser prophetischen Lebensmodelle schlussfolgert Saʿīd, dass die Propheten in ihren jeweiligen Gesellschaften zwar Wandel erzielen wollten, diesen jedoch niemals gewaltsam herbeiführten. Zu sehr ruhte hierfür ihr Vertrauen in die ungeschichtliche Offenbarung, die allen menschlichen Konzepten und Ideen überlegen war und sich daher unter allen Umständen eines Tages durchsetzen würde.[9]

---

[9] Vgl. Saʿīd, Jawdat (2002: 46).

Auf den ersten Blick scheint jedoch die prophetische Botschaft Muhammads und dessen Lebensmodell hierzu im Widerspruch stehen, da der *Qur'an* das Recht auf Selbstverteidigung beinhaltet. Nach Sa'id unterscheidet sich das prophetische Lebensmodell Muhammads von nahezu allen vorherigen Propheten – mit Ausnahme Davids und Salamons –, da es in zwei Phasen unterteilt werden kann: einer mekkanischen und einer medinensischen. In der ersten Phase, nämlich der mekkanischen, wurde der islamischen Religionsgemeinschaft trotz Verfolgung, Folter sogar Tötung jeglicher gewaltsame Widerstand untersagt. Die Biographien zahlreicher Prophetengefährten legen Zeugnis für deren gewaltlosen Ungehorsam ab. So heißt es auch in der mekkanischen Offenbarung:[10]

> Doch nein! Gehorche ihm [dem Aggressor] nicht, sondern wirf dich (vor Gott) nieder und nähere dich (Ihm). (96:19)

In Mekka fand sich der Prophet Muhammad, so Sa'id, in der gleichen Situation vor, wie so viele Propheten vor ihm, ein einzelner Gottesrufer inmitten einer Gesellschaft der Glaubensverweigerer.

Diese Situation änderte sich aber grundlegend mit der Auswanderung (*hiǧra*) der muslimischen Gemeinde nach Medina, wo sie von ihren Glaubensgeschwistern empfangen und aufgenommen wurden. Das vormalige Yathrib wird nun zu Medina, der Stadt des Propheten, einem islamischen Stadtstaat. In der mekkanischen Phase war es den Muslimen inmitten einer unislamischen Gesellschaft nicht gestattet, sich mittels Gewalt zu verteidigen, verteidigen dürfen sie sich aber nun in der medinensischen Phase, da Medina ein auf dem Islam gegründeter Stadtstaat ist[11], daher heißt es im *Qur'an*:[12]

---

[10] Vgl. Said, Jawdat (o. J.³).
[11] Vgl. Sa'īd, Jawdat (2002: 50).
[12] Vgl. ebda. 54.

Erlaubnis (zur Verteidigung) ist denen gegeben, die bekämpft werden – weil ihnen Unrecht angetan wurde – und Gott hat gewiß die Macht, ihnen beizustehen; (22:39)

Sa'id unterscheidet demnach zwischen dem gewalttätigen Widerstand einer muslimischen Minderheit in einem nichtmuslimischen Staatswesen, den er verurteilt; und der Verteidigung eines Staates, der im Einklang mit dem Willen der Bevölkerung auf dem Islam gegründet ist. Für die Gegenwart plädiert er allerdings für den totalen Gewaltverzicht, da im Zeitalter atomarer, biologischer und chemischer Massenvernichtungswaffen jede Form von Krieg irrational sei, da die Menschheit die Waffen zur eigenen Vernichtung erbaut habe.

Widersprüchlich hierzu ist allerdings seine Haltung zum bewaffneten Widerstand in Palästina gegenüber der israelischen Besatzung, den er aufgrund seines Gedankenganges verurteilen müsste, aber in einem Interview 1998 de facto nicht tat.[13] Gleichwohl er den Palästinensern den gewaltlosen Widerstand ans Herz legte. Gegenwärtig lehnt der bekennende Assad-Gegner wiederum den bewaffneten Kampf in Syrien gegen das Assad-Regime mit den Worten ab, dass jene, die an die Macht der Waffen glauben, nicht an die Macht der Wahrheit glauben würden.[14]

Die praktische Umsetzung des gewaltlosen Ethos im Islam nach Jawdat Sa'id

Während die Propheten auf Gewalt verzichtet oder zumindest sie einzig und allein auf Grundlage der Selbstverteidigung einer gottgläubigen Gesellschaft stark eingeschränkt haben, legt die Menschheitsgeschichte Zeugnis darüber ab, dass der Mensch, so Sa'id, seit jeher dazu tendierte, ein Anhänger des ersten Mörders zu sein. Damit habe sich die Befürchtungen der Engel bei der Erschaffung des Menschen bewahrheitet, als sie

---

[13] Vgl. Current Islamic Issues (1998).
[14] Vgl. Amos, Deborah (2012).

Gott gegenüber äußerten:[15] (…) **Willst Du auf ihr [der Erde] einen einsetzen, der auf ihr Verderben anrichtet und Blut vergißt? (…) (2:30)**

Die intellektuelle Wiedergeburt – nicht nur der Muslime –, sondern aller Menschen bestünde darin, dem gewaltlosem Sohn Adams und seinem Bekenntnis zu folgen, das da lautet: **Wahrlich, erhebst du auch deine Hand gegen mich, um mich totzuschlagen, so erhebe ich doch nicht meine Hand gegen dich, um dich zu erschlagen.** Der Reifungsprozess und Triumph für jeden Menschen bestünde in der Selbstgewissheit, dass ein anderer Mensch ihn zwar töten könne, aber es niemals gelingen wird, ihn selber zu einem Mörder zu degradieren.[16]

Das Ethos des gewaltlosen Sohnes Adams verpflichte den Muslim dazu,:

1) jede Schmähung, jedes psychisch und physisch zugefügte Leid durch das Vertrauen auf Gott (*tawakkul*) geduldig zu ertragen. Saʿid verweist hierbei auf folgenden Vers:[17] **Und warum sollten wir nicht Gott vertrauen, da Er uns doch unseren Weg bereits gezeigt hat? Wahrlich, wir wollen geduldig ertragen, was ihr uns an Leid zufügt, und Gott sollen alle Vertrauenden vertrauen. (14:12)**

2) in seinem Handeln nicht Gleiches mit Gleichem zu vergelten, sondern stattdessen den Hass, der ihm begegnet, durch entgegengesetztes Tun in Liebe zu verwandeln. Abermals stützt sich Saʿid auf die Offenbarung:[18] **Das Gute und das Böse sind fürwahr nicht gleich. Wehre (das Böse) mit Besserem ab, und schon wird der, zwischen dem und dir Feindschaft war, dir wie ein echter Freund werden. (41:34).**

3) die Strukturen pathologischer Gewalt zu erforschen und durch gesellschaftliche Erziehung und Reformen zu durchbrechen. Saʿid führt den in

---

[15] Vgl. Humeid, Bashar (2006).
[16] Vgl. Saʿeed, Jawdat (o. J.¹: 52).
[17] Vgl. Saʿīd, Jawdat (2002: 43).
[18] Vgl. Saʿeed, Jawdat (o. J.¹: 49).

der reformistischen *Salafiyya* immer wieder gebrauchten Vers heran:[19] (…) **Gewiß, Gott verändert die Lage eines Volkes nicht, solange sie sich nicht selbst innerlich verändern.** (…) **(13:11)**. Hierzu reiche es aber nicht aus, sich lediglich mit religiösen Texten zu beschäftigen, sondern das Studium der menschlichen Geschichte müsse herangezogen werden. Ein Gang durch die Geschichte, würde den Muslimen helfen zu erkennen, dass Gewalt strukturell nur durch einen demokratischen Rechtsstaat eingedämmt, domestiziert und reguliert werden könne.[20] Ein Rechtsstaat sei der Gerechtigkeit als ausgleichendes Maß zwischen den Menschen verpflichtet und würde daher Gewalt überflüssig machen. In Sa'ids Denken stellt der Rechtsstaat den Übergang vom Primat des Stärkeren zum Primat des Rechts dar.[21]

4) den Pluralismus als notwendige Folge des Fortschreitens menschlicher Geschichte und Entwicklung zu akzeptieren. Jedes Bemühen, den Islam zu ideologisieren, ihn in eine unlebendige statische religiöse Konformität und soziale Ordnung zu transformieren, liefe der menschlichen Erfahrung von Dynamik zuwider.[22] So erteilt Sa'id jeglicher singulären Islamauslegung eine Absage. Bereits Ibn Taimiyya hätte anerkennen müssen, dass ständig alles auf den *Qur'an* und die *Sunna* zurückführen zu wollen oder dort belegt zu finden, keine praktikable Lösung sei. Schließlich habe jede islamische Schule, ob theologischer oder rechtlicher Prägung, ihre eigene Hermeneutik.[23] Ebenso habe der vierte Kalif des Islam, Ali ibn Abi Talib es unterlassen auf Grundlage des *Qur'an* mit den extremistischen Kharidjiten zu diskutieren, da dieses aufgrund ihrer ganz anderen Interpretationsweise zwecklos sei und nur in ein nebeneinanderher reden münde.[24] Zwischen den Zeilen äußert Sa'id damit natürlich auch seine Kritik an der literalistischen, ideologischen und der literlistisch-

---

[19] Vgl. Sa'īd, Jawdat (2002: 101).
[20] Vgl. Said, Jawdat (o. J.³).
[21] Vgl. Current Islamic Issues (1998).
[22] Vgl. Sa'īd, Jawdat (2002: 21-23).
[23] Vgl. ebda. 118.
[24] Vgl. Humeid, Bashar (2006).

politischen *Salafiyya*. Insbesondere von letzterer könnten keine Reformen zum Besseren erhofft werden, da all jene, deren Vorstellungskraft nicht weiter reiche, als Veränderungen durch Mordanschläge und Revolutionen herbeizuführen, sich selber in die Tradition des ersten Mörders begeben, mit der Zivilisation brechen und die Menschheit wieder in den Naturzustand zurückführen, wo das Recht des Stärkeren vorherrscht. Wie könne also von ihnen eine bessere Welt erhofft werden?[25] Es könne keine legitime und friedvolle Gesellschaft geschaffen werden, wenn man selber zu Gewalt, Einschüchterung und Zwangsmitteln greife, um die eigenen Überzeugungen durchzusetzen. Eine Revolution ermutige nur andere, die gesellschaftliche Ordnung auf gleichem Wege abermals zu stürzen. Dadurch entstünde ein bösartiger Kreislauf von Umstürzen, der letztlich die Entstehung von Diktaturen begünstige.[26]

5) mittels transparenter Organisationen und Stiftungen eine islamische Infrastruktur zu schaffen, durch die zum Islam einladen, und das Gute geboten und das Schlechte verurteilt wird. Damit würden Muslime zeitgemäß dem prophetischen Lebensmodell folgen und als demokratische Akteure Teil des öffentlichen Diskurses sein.[27]

6) das islamische Engagement in der Gegenwart niemals von dem geschichtlichen Wissen zu trennen, dass die islamische Religionsgemeinschaft oftmals nicht entsprechend der prophetischen Handlungsmaxime gehandelt hat. Dies sollten Muslime sich schonungslos eingestehen und dafür auch Verantwortung tragen. Gerade durch letzteres beweise sich der Mensch als würdig Gottes Statthalter auf Erden zu sein; Saʿid verweist auf die islamische Urgeschichte als Adam und seine Frau für ihre Schuld die Verantwortung übernahmen, indem sie Gott um Vergebung baten, statt die Schuld aufeinander abzuwälzen und von sich zu weisen (**7:23**).[28]

---

[25] Vgl. Saʿīd, Jawdat (2002: 37).
[26] Vgl. Said, Jawdat (o. J.?).
[27] Vgl. Saʿīd, Jawdat (2002: 109).
[28] Vgl. ebda. 121.

Mit Verweis auf Muhammad Iqbal schreibt Sa'id, dass die einzigen Kriterien, um eine Zivilisation oder Religion nach geschichtlichen Maßstäben zu bewerten, jene seien, welche Art von Individuen sie hervorgebracht habe und die Menge an Gutem, die diese der Menschheit beschert haben.[29] Kritikern eines Gewaltverzichtes gibt Sa'id zu bedenken, dass je mehr Menschen sich dem zivilen Ungehorsam anschließen, desto unmöglicher sei es für einen Diktator auch nur gegen einen Einzelnen gewaltsam vorzugehen, schließlich könne dieser ja nicht sein gesamtes Volk auslöschen. Ein Regimewechsel benötige also keine Gewalt, was gerade die gewaltlose iranische Revolution von 1979 bewiesen habe.[30] Sa'id geht wohl davon aus, dass in jedem Tyrannen und Unterdrücker doch noch ein Funke Menschlichkeit, Achtung und Güte vorhanden ist, an die erfolgreich durch den gewaltlosen Widerstand appelliert werden kann, so wie in der Urgeschichte, als der erste Mörder sich eingesteht: **„O weh mir! Bin ich zu kraftlos, wie dieser Rabe zu sein und die Missetat an meinem Bruder zu verbergen?"** Und so wurde er reumütig.

Hoffnung ist der Anfang aller Dinge

Gleichwohl die Menschen, so Sa'id, allegorisch und ideell Nachkommen eines Mörders seien und die menschliche Geschichte sich als eine Geschichte des Tötens lese, bestünde die berechtigte Hoffnung, dass die Menschen geistig Nachkommen des gewaltlosen Sohnes Adams werden.[31] Hoffnung schöpft er aus zwei Begebenheiten, die im *Qur'an* berichtet werden. Zum einen, nachdem die Engel ihre Befürchtungen hinsichtlich der Erschaffung des Menschen ausgesprochen hatten, entgegnete ihnen Gott ein hoffnungsvolles und einsichtiges:[32] **„Siehe, Ich weiß, was ihr**

---

[29] Vgl. Sa'eed, Jawdat (o. J.¹: 31).
[30] Vgl. Current Islamic Issues (1998).
[31] Vgl. Said, Jawdat (o. J.²).
[32] Vgl. Sa'eed, Jawdat (o. J.¹: 49).

nicht wißt." (2:30) und zum anderen, beweise die Geschichte des Volkes Jonas, dass Gesellschaften sich ändern können.[33]

Somit ist Saʻid, neben Badshah Khan (gest. 1988), ein Vordenker eines islamisch begründeten Gewaltverzichtes in einer gewaltvollen Zeit. Wie notwendig und wichtig solche Denker sind, wird deutlich, wenn wir einen Moment inne halten, und uns klar machen, dass der vernunftbegabte Mensch die Waffen zu seiner eigenen Auslöschung erschaffen hat. Das Einüben in Gewaltlosigkeit auf lokaler wie globaler, auf der Mikro- wie der Makroebene ist somit nicht nur eine Unabdingbarkeit, sondern die einzige verbliebene rationale Option. Saʻid hat dies als einen Reifeprozess bezeichnet, ob die Menschheit jedoch jemals in das Stadium des Erwachsenseins eintritt, muss sich erst noch zeigen. Doch Hoffnung ist der Anfang aller Dinge.

Literatur

Amos, Deborah (2012): Preaching Nonviolence, Syrien Activist Heads Home. Internet: http://www.gpb.org/news/2012/05/31/preaching-nonviolence-syrian-activist-heads-home (11.11.2012).

Current Islamic Issues (1998): Jawdat Saʻeed Answers Twelve Questions Posed by the Journal "Current Islamic Issues". Internet: http://www.jawdatsaid.net/en/index.php?title=Current_Islamic_Issues (04.11.2012).

Humeid, Bashar (2006): Islam as a Violence-Free Religion. Internet: http://en.qantara.de/Islam-as-a-Violence-Free-Religion/9508c9607i1p657/ (04.11.2012).

Küng, Hans (2007): Der Islam. Geschichte, Gegenwart, Zukunft. München.

Küng, Hans (2008): Projekt Weltethos. München.

Saʻeed, Jawdat (o. J.[1]): Be like Adam's Son. o. O.

Said, Jawdat (o. J.[2]): Law, Religion and the Prophetic Method of Social Change. Internet: http://www.jawdatsaid.net/en/index.php?title=LAW,_RELIGION

---

[33] Vgl. ebda. 49-50.

_AND_THE_PROPHETIC_METHOD_OF_SOCIAL_CHANGE (04.11.2012).

Said, Jawdat (o. J.[3]): The Role of religious Actors in Peace-Building. Internet: http://www.jawdatsaid.net/en/index.php?title=The_role_of_religious_actors_in_peace-building (04.11.2012).

Sa'īd, Jawdat (2002): Non-Violence. The Basis of Settling Disputes in Islam. Damascus.

Dr. Yahya Wardak

Abdul Ghaffar Khan
Wie ein Weggefährte Gandhis die Gewaltlosigkeit im Islam begründet

Thema dieses Aufsatzes ist die Gewaltlosigkeit im Islam, die anhand des Beispiels von Abdul Ghaffar Khan dargestellt werden soll. Er gilt als Begründer einer gewaltfreien Bewegung unter den Paschtunen, die sich durch ihre Aktivitäten der britischen Kolonialherrschaft widersetzte und zugleich versuchte, die Einheit unter den Paschtunen zu fördern sowie die überholten Traditionen der Blutrache und Gewalt zu überwinden. Im Folgenden soll die Person des Abdul Ghaffar Khan vorgestellt werden. Es folgen Gedanken über Gewaltlosigkeit im Islam und die Vorstellungen der von Khan begründeten Khudai Khidmatgar-Bewegung. Khan hatte engen Kontakt zu Mahatma Gandhi und hat sich auch mit interreligiösen Fragen beschäftigt. Diese beiden Aspekte sollen Erwähnung finden. Abdul Ghaffar Khan hatte auch eine progressive Sicht auf Frauen und ihre Rolle in der Gesellschaft. Er hatte eine Vision, die lokal die Einheit unter den Paschtunen fördern und zugleich der ganzen Menschheit zugutekommen sollte.

Zur Person

Abdul Ghaffar Khan wurde 1890 in Charsadda in der Nähe von Peshawar (damals zu Britisch-Indien gehörig) geboren. Er war in vielerlei Hinsicht ein Mann der Superlative. So war er über 1,90 Meter groß, wurde 98 Jahre alt und verbrachte 39 davon in Gefängnissen und in der Verbannung. Er besuchte u.a. auch eine christliche Schule, arbeitete selbst nach seiner

Ausbildung als Lehrer. 1920 traf er das erste Mal Gandhi in Delhi und unternahm anschließend eine Pilgerfahrt nach Afghanistan. 1921 gründete er die High School in Utmanzai und gründete die Bewegung „Anjuman-e-Islahul-Afaghana" (Reformbewegung der Afghanen). 1929 erfolgte dann die Gründung der „Khudai Khidmatgar" (Diener Gottes) und die Herausgabe der Zeitschrift „Pashtun". Nun traf er sich in den folgenden Jahren öfter mit Gandhi und Nehru. 1934 lehnte er die ihm angetragene Präsidentschaft der All India Congress-Partei ab. 1957 gründete er die National Awami Party. Seine politischen Aktivitäten zwingen ihn dazu, außer Landes zu gehen, und 1968 erhält er Asyl in Afghanistan, nachdem er einige Jahre in Pakistan im Gefängnis gesessen hatte. Amnesty International ernennt ihn zum „prisoner of the year". 1987 erhält er die höchste indische Auszeichnung Bharat Ratna „Jewel of India". 1988 schließlich stirbt Abdul Ghaffar Khan am 20. Januar in Peshawar und wird in Jalalabad (Ostafghanistan begraben).

Abdul Ghaffar Khan hat in seinem Leben mehrere Titel für seine Verdienste erhalten. Er ist bekannt als Badshah Khan, was so viel wie "König der Anführer" bedeutet. Aufgrund seiner Nähe zu Mahatma Gandhi wurde er aus indischer Sicht auch Frontier Gandhi oder Muslim Gandhi genannt. Als Angehöriger des Volks der Paschtunen soll er in Afghanistan den Titel Fakhr-e Afghan (Stolz der Afghanen) erhalten haben. Diesen Titel soll Jawaher Lal Nehru in Fakhr-e Asia (Stolz von Asien) umgewandelt haben.

Hintergrund

Abdul Ghaffar Khan erkannte schon Anfang des 20. Jahrhunderts die grundlegenden Probleme der paschtunischen Gesellschaft wie Gewalt, Rache, Bildungsferne, Extremismus, Benachteiligung der Frauen, Konkurrenzdenken und Unkenntnis der eigenen Religion. Er entwickelte Lösungsansätze, die er Zeit seines Lebens selbst praktizierte; damit gab er anderen ein Beispiel.

Die Lehren und die Lebensführung Badshah Khans haben nicht nur historische Bedeutung, sondern sie bieten auch für die heutigen gesellschaftlichen Schwierigkeiten in Afghanistan, Pakistan und der übrigen islamisch geprägten Welt geeignete Lösungsansätze.

Gewalt war und ist ein zentrales Problem in der Gesellschaft, in die Abdul Ghaffar Khan hineingeboren wurde. Es handelt sich bei den Paschtunen um ein Bergvolk, das nach traditionellen Regeln lebt. Die Menschen in Afghanistan und Nordpakistan üben in bestimmten Kontexten untereinander Rache und Blutrache aus, hingegen gibt es auch regulative Mechanismen der Jirgas (Ältestenversammlung), Sola/Rogha (Befriedung) und Asylrecht. Die Tatsache, dass es trotzdem zu gewaltsamen Auseinandersetzungen kommt, ist wohl auch darauf zurückzuführen, dass es keine staatlichen Strukturen gibt und sich so kein Gewaltmonopol etablieren konnte. Deshalb waren die Menschen seit den Eroberungszügen Alexanders des Großen darauf angewiesen, sich gegen Eroberer zur Wehr zu setzen und ihr Hab und Gut zu verteidigen, lag doch ihr Siedlungsgebiet in einer strategisch wichtigen Lage auf dem Weg nach Indien. Zur Zeit von Ghaffar Khan haben die Briten, aus ihrer Kronkolonie Indien kommend, immer wieder versucht, die Paschtunen zu unterwerfen und sie mit Gewalt zu einer anderen Lebensweise zu bringen. Sie wollten nach Afghanistan vordringen und den russischen Einfluss im Norden ihres Reiches unterbinden. So kam es zu dem sogenannten „Great Game" und Afghanistan wurde zum Zankapfel zwischen den Großmächten seiner Zeit. Dieser ständige Kriegszustand war ein dauerhaftes Problem, das Abdul Ghaffar Khan in seiner Autobiographie auf Pashto eindrucksvoll schildert.

Die Muslime und insbesondere die indischen Muslime beantworteten die Gewalt der Briten mit Gegengewalt. Ein Beispiel für den Widerstand der indischen Muslime gegen die Briten ist die „Khilafat-Bewegung", die sich gegen die Zerschlagung des islamischen Emirats in der Türkei richtete. Auch Abdul Ghaffar Khan schloss sich zunächst dieser Bewegung an und pilgerte nach Afghanistan, das nicht wie Indien von den Briten besetzt war. Die Spirale von Gewalt und Gegengewalt stieß Abdul Ghaffar

Khan jedoch ab und ließ ihn über den Sinn von Gewalt nachdenken und er wählte die Gewaltlosigkeit als einziges probates Mittel, diese Spirale zu durchbrechen.

Auf Aktionen der Paschtunen mit denen sie sich sich gegen die britische Einmischung zur Wehr setzten, folgten Gegenaktion der Briten und umgekehrt. Ghaffar Khan suchte die Führer des Widerstandes auf und sprach mit ihnen über die negativen Auswirkungen des gewaltsamen Widerstandes. Schließlich konnte er einen mächtigen Anführer, der als Haji Turangzai bekannt war, überzeugen, statt Gewaltaktionen gegen die Briten zu planen, Schulen für die eigenen Kinder zu gründen.

Abdul Ghaffar trat auch als Sozialreformer auf und gründete Schulen, die als „Azad Schools" bezeichnet wurden. Bis zu diesem Zeitpunkt gab es in dieser Region nur Madrassas (Koranschulen). Abdul Ghaffar Khans Neuerung war es, neben Religion auch andere Fächer zu unterrichten. Doch diese Schulen wurden mit Gewalt von den Engländern geschlossen. Zumal unterstützten sie lokale Geistliche (Mullahs) und lokale Anführer (Malek), um Einfluss auf die Bevölkerung üben zu können.

In einem Gespräch, das er in 1981 Delhi mit einem alten Kollegen aus der Grenzprovinz führte, sagte Khan, dass er erst nach 1920 begonnen habe einzusehen, dass sich „(die) Bedingungen der Paschtunen niemals verbessern würden, solange sie an ‚Blut für Blut' glaubten: „Gewalt ... schafft Hass und Furcht. Gewaltfreiheit schafft Liebe und macht Menschen kuhn." (*Rajmohan Gandhi. Ghaffar Khan*)

Die Briten zerschlugen die gewalttätige Bewegung im Handumdrehen, aber die gewaltfreie Bewegung gedieh trotz der heftigen Repressionen. Wenn ein Engländer getötet wurde, dann wurde nicht nur der Schuldige bestraft, sondern das ganze Dorf und die gesamte Region hatten darunter zu leiden. Die Menschen machten die Gewalt und die Gewalttätigen für die Repression verantwortlich. In der gewaltfreien Bewegung litten Einzelne, die sich friedlich zur Wehr setzten, aber die Gemeinschaft litt nicht, sondern sie hatte Nutzen davon. Dadurch erwarb sich die Bewegung die Liebe und Sympathie der Menschen.

Gewaltfreiheit im Islam

Ghaffar Khan war aus verschiedenen Gründen zur Gewaltlosigkeit gekommen. Einerseits waren es seine eigenen Beobachtungen und sein Kontakt zu Mahatma Gandhi. Doch suchte Khan auch eine Begründung in seiner eigenen Religion. Da Ghaffar Khan Muslim war, suchte er zentrale Motive und Vorbilder in der islamischen Geschichte. Als die zentrale Figur im Islam diente natürlich der Prophet Mohammad, den Ghaffar Khan bereits als Vordenker einer islamischen Version der Gewaltlosigkeit sieht:

> Der heilige Prophet Mohammad kam in diese Welt und lehrte uns, dass ein Muslim niemals jemanden durch Worte oder Taten verletzen soll, sondern statt dessen für das Wohlergehen und das Glück von Gottes Geschöpfen arbeiten soll. Der Glaube an Gott bedeutet, seine Mitmenschen zu lieben."
> (*Eknat Easwaran, Non-Violent Soldier of Islam, S. 55*)

Ghaffar Khan hat in diesem Kontext den Islam neu interpretiert und drei Werte herausgestellt, die er in seinem Leben auch umzusetzen versucht hat. Laut Ghaffar Khan ist die Essenz der islamischen Religion in folgenden drei Kernpunkten beschrieben:

> Es ist meine tiefste Überzeugung, dass Islam vor allem drei Dinge bedeutet: amal, yakeen, muhabat (Arbeit, Glaube und Liebe). Ohne diese Dinge klingt der Name „Muslim" blechern und hohl. Der Qur'an macht unmissverständlich deutlich, dass der Glaube an den einen Gott und gute Taten genug sind, um die Errettung eines Menschen zu sichern. (*Eknat Easwaran, Non-Violent Soldier of Islam, S. 63*)

Mit „amal" ist ein selbstloser Dienst an den Menschen gemeint, während „yakeen" Glauben und „muhabat" die Liebe zu seinen Mitmenschen bedeutet. Daher gelang es Ghaffar Khan, seine eigene Interpretation auf anschauliche Weise historisch zu legitimieren und somit die Gewaltlosigkeit als ein Kernelement der islamischen Religion anzusehen:

Daran, dass ein Moslem oder ein Paschtune wie ich dem Glauben an Gewaltfreiheit zustimmt, ist nichts Überraschendes. Es ist kein neuer Glaube. Vor vierzehnhundert Jahren folgte ihm schon der Prophet während der ganzen Zeit, in der er in Mekka war, und seitdem folgten ihm alle, die das Joch eines Unterdrückers abschütteln wollten. Aber wir hatten es bislang vergessen, sodass wir, als Gandhiji es uns vor Augen führte, dachten, dass er einen neuartigen Glauben befürwortete. (*Eknat Easwaran, Non-Violent Soldier of Islam, S. 103*)

Ein zentraler Begriff, der im Koran öfter vorkommt und der als Aufruf zu Gewaltlosigkeit interpretiert werden kann, ist „صبر Sabr" (Geduld), denn laut Ghaffar Khan kann man Unrecht und Unterdrückung nur durch dauerhafte, nachhaltige und friedfertige Handlungen abwehren und umkehren. So wie der Prophet Mohammad und seine Anhänger in Mekka auf Feindschaft stießen und diesen Zustand ertrugen und als Prüfung für ihren Glauben ansahen, so mussten Ghaffar Khan zufolge auch seine Anhänger die Unterdrückung der Kolonialmacht ertragen. Diese Ansicht gewann Ghaffar Khan während der Gründung seiner Khudai Khidmatgar-Bewegung, der Bewegung der Diener Gottes.

Die Khudai Khidmatgar-Bewegung

Die Khudai Khidmatgar waren eine eigenständige und islamische Bewegung mit bis zu 100.000 Mitgliedern. Auch Nichtmuslime und Frauen traten ihr bei. Sie war hierarchisch organisiert und wurde auch als erste gewaltlose islamische Armee bezeichnet. Sie wurde von den Briten als „Red Shirts" (Rothemden) bezeichnet, weil ihre Anführer ihre Kleidung in Ziegelfarbe tränkten. Die Bewegung hatte eine ländliche Basis und bediente sich des zivilen Ungehorsams, um ihre Ziele zu erreichen. Jedes Mitglied musste täglich mindestens zwei Stunden sozialen Dienst für die Gemeinschaft leisten. Im April 1930 übernahmen sie die Administration der Stadt Peshawar. Diese kurze Zeitspanne ist als Kommune von Peshawar bekannt. Sie markiert einen Wendepunkt für die britische Herrschaft in Indien, denn die Engländer antworteten mit Gewalt auf die Übernahme der politischen Verantwortung durch die Khudai Khidmatgar. Diese blieben ihrem gewaltlosen Credo treu. Die blutige Niederschlagung der Khudai Khidmatgar-Bewegung schrieb Geschichte in Indien und eine Kommission des Congress führte eine Untersuchung durch. Der Widerstand der Kommune von Peshawar hatte zur Folge, dass die Briten kommunale Selbstverwaltung in verschiedenen Teilen von Indien zuließen. Die Prinzipientreue der Khudai Khidmatgar-Bewegung spiegelt sich in ihrem Credo wider.

Beim Eintritt in die Khudai Khidmatgar-Bewegung musste man folgenden Schwur ablegen:

„Ich bin ein Khudai Khidmatgar und da Gott keines Dienstes bedarf, sondern weil Seiner Schöpfung dienen Gott dienen ist, verspreche ich, im Namen Gottes der Menschheit zu dienen.
Ich verspreche, mich der Gewalt und der Rache zu enthalten.
Ich verspreche, mich anti-sozialer Gewohnheiten und Praktiken zu enthalten.
Ich verspreche, einfach und tugendhaft zu leben und mich vom Bösen fernzuhalten.
Ich verspreche, gute Sitten und gutes Verhalten zu praktizieren und kein Leben des Müßiggangs zu führen.
Ich verspreche, wenigstens zwei Stunden am Tag sozialer Arbeit zu widmen."

Interreligiosität

Neben seiner festen islamischen Legitimierung der gewaltlosen Prinzipien, war Abdul Ghaffar Khan anderen Religionen gegenüber sehr offen eingestellt. Er las die religiösen Schriften des Christentums, Hinduismus und Sikhismus. Laut seiner Autobiographie interessierte er sich auch für den Zoroastrismus und Buddhismus.

Als ich im Dera-Ghazi-Khan-Gefängnis war, lasen mir meine Sikh-Mitgefangenen oft aus dem Guru Granth Sahib vor. Ich war auch sehr daran interessiert, etwas über den Buddhismus zu erfahren, weil unser Volk buddhistisch war, bevor es den Islam annahm. Aber leider bekam ich nie ein Buch über Buddhismus in die Hand, das ich hätte lesen können. Ich machte Bekanntschaft mit dem Neuen Testament, als ich in der Mission High School war, und im Gefängnis las ich oft im Alten Testament. Ich war auch an der Religion der Parsen sehr interessiert, den Lehren Zoroasters, denn er war unser Bote, er wurde in Balkh in Afghanistan geboren. (*Mein Leben, Autobiographie des Abdul Ghaffar Khan, S. 170*)

Ein Problem, das Ghaffar Khan im Austausch mit anderen Religionen beobachtete, war die Tatsache, dass viele Muslime die Inhalte ihrer religiösen Schriften nicht verstehen, weil sie sie nicht in ihrer Muttersprache lesen konnten. Dadurch kam es seiner Meinung nach immer wieder zu Fehlinterpretationen, während die religiösen Führer die Interpretationshoheit verlangten. Auch heute noch ist das ein grundlegendes Problem.

Gleichheit

Neben dieser allgemeinen Parteinahme für Bildung und seinem tiefen Verständnis der religiösen Schriften hat sich Ghaffar Khan insbesondere auch für Mädchen- und Frauenbildung eingesetzt. Somit hat er schon sehr früh Probleme erkannt, die bis heute in dieser Region aktuell sind:

Ich mache mir immer mehr Sorgen um Bildung und Erziehung der Mädchen. Es ist gefährlich für eine Nation, wenn die Jungen Bildung bekommen und den Mädchen der Zugang zur Schule verwehrt wird. (*Briefe Badshah Khan, Teil I, S. 15*)

Gleichheit und gesellschaftliche Partizipation ist ein wichtiges Anliegen, das Ghaffar Khan sinnbildlich folgendermaßen ausdrückt:

Frau und Mann sind wie die Räder eines Wagens. Wenn ein Rad nicht funktioniert, kann sich der Wagen nicht fortbewegen. (*Mein Leben, Pashto, S. 530*)

Vision

Doch ist die zentrale Botschaft der Lehren Ghaffar Khans in folgenden Sätzen aus seiner Autobiographie zu entnehmen. Darin überschreitet er jegliche Grenzen und Trennungen und spricht der Religion einen universellen und allgemeingültigen Charakter zu:

> „Meine Religion ist Wahrheit, Liebe und Dienst für Gott und die Menschheit. Jede Religion, die in die Welt gekommen ist, hat die Botschaft von Liebe und Brüderlichkeit gebracht. Alle, die dem Wohlergehen ihrer Mitmenschen gegenüber gleichgültig sind, alle, deren Herz ohne Liebe ist, alle, die die Bedeutung der Brüderlichkeit nicht kennen, die Hass und Feindseligkeit in ihrem Herzen beherbergen, sie alle kennen die Bedeutung von Religion überhaupt nicht." (*Mein Leben, Autobiographie des Abdul Ghaffar Khan, S. 170*)

Weiterführende Literatur

Mein Leben. Autobiographie Badshah Khan, aus dem Englischen von Ingrid von Heiseler, Bonn, Afghanic, 2012
Ghaffar Khan. Gewaltfreier Badshah der Paschtunen. Rajmohan Gandhi. Afghanic, 2015
Non-Violent Soldier of Islam. E. Easwaran, 1999
Rajmohan Gandhi, Ghaffar Khan. Nonviolent Badshah of the Pakhtuns. Penguin Books, India 2004
Seaching for a King. Muslim Nonviolence & the Future of Islam. Jeffry R. Halverson, Potomac Books, Washington D.C., 2012

Quellen

Zema Zhewand aw Jadu Jahed. Abdul Ghaffar, Kabul, 1984
Mein Leben. Autobiographie Badshah Khan, Afghanic, 2012
Ghaffar Khan. Gewaltfreier Badshah der Paschtunen. Rajmohan Gandhi. Afghanic, 2015
Non-Violent Soldier of Islam. E. Easwaran, 1999
Seaching for A King. Muslim Nonviolence & the Future of Islam. Jeffry R. Halverson, Potomac Books, Washington D.C., 2012

Jörgen Klußmann

Ausblick

Der Islam ist die zweitstärkste Religion in Europa – dies zu ignorieren wäre ein eklatanter Fehler. Genau dies aber in den letzten Jahrzehnten, in denen immer mehr Muslime gekommen sind, geschehen. Gefragt war vor allem die Arbeitskraft – dass die Menschen aber auch kulturelle und religiöse Bedürfnisse hatten und dass sie zwangsläufig auf Dauer auch die einheimischen Gesellschaften verändern würden – wurde geflissentlich ignoriert. Die Zugewanderte - auch die Muslime waren daher gezwungen in Hinterhofmoscheen ihren Glauben zu praktizieren und zu pflegen – oftmals unter haarsträubenden Bedingungen. Neben den räumlichen Beschränkungen gab und gibt es bis heute auch Einschränkungen in der theologischen Reflexion, die unter diesen Umständen so wichtig gewesen wäre. So konnten die in den letzten Jahrzehnten gewachsenen Ressentiments, die auf Seiten der Einwanderungsgesellschaft aber auch bei den Muslimen selbst immer weiter wachsen – mit dem Ergebnis, dass sich die Unzufriedenheit auch in den Moscheegemeinden breit und sich radikale politische Kräfte diese Unzufriedenheit zu Nutze machte. Hinzu kamen großzügige Spenden von Golf-arabischer Seite und damit auch die Infiltration durch wahhabitische Missionare, die einen restriktiven und rückwärts gerichteten Islam predigten, in dem Andersgläubige und Muslime anderer Glaubensrichtungen als „gottlos und ungläubig" verdammt werden. Welche Ironie, dass ausgerechnet die „verbündeten" Golfstaaten so den Hass und die Intoleranz schürten. Welchen Preis haben die Industriestaaten für das Erdöl auf diese Weise zusätzlich bezahlt!

Ein weiteres Problem ist die große Perspektivlosigkeit besonders männlicher jugendlicher Muslime in Europa, die von der Gesellschaft häufig allein gelassen wurden. Die Intoleranz und die Vorurteile der

Mehrheitsgesellschaft haben ebenso dazu beigetragen, dass sich die Dinge so entwickelt haben. Paradoxerweise werden die Jugendlichen in deren familiären und verwandtschaftlichen Umfeld häufig bevorzugt und manchmal geradezu „hofiert". Im Freundeskreis wird dann zusätzlich ein „Männlichkeitskult" gepflegt, der das Gefühl des „Besonderen" und des „auserwählt sein" kultiviert.

Beides – „Perspektivlosigkeit" und „auserwählt sein" kontrastieren auf das Schärfste miteinander. Kein Wunder also, wenn sich zahlreiche junge Muslime radikalen Salafisten zuwenden und die Perspektive eines Kämpfers in Syrien oder dem Irak für den so genannten Islamischen Staat attraktiv und „cool" finden.

Die Muslime selbst können die Entwicklungen nicht länger ignorieren. Sie müssen sich um eine gewaltfreie und demokratische Theologie bemühen, in der Mann und Frau gleichberechtigt sind und die dazu ermutigt sich als gleichberechtigtes Mitglied einer christlichen Gesellschaft zu fühlen und danach zu handeln.

Der Staat und die Gesellschaft müssen sich interkulturell und interreligiös öffnen und echte Perspektiven schaffen, die jedem Bürger – gleich welcher Herkunft eine Zukunft eröffnet. Dafür ist es notwendig auch größere Mittel in die Hand zu nehmen und sie entsprechend zu investieren. Es reicht aber nicht mit ein paar Pilotprojekten das Problem anzugehen. Wenn eine Integration und eine gemeinsame Zukunft gelingen soll, braucht es neue Institutionen und ausreichend Personal, um der gewaltigen Aufgabe gerecht zu werden. Hierfür sind aber alle gesellschaftlichen Kräfte gleichermaßen aufgerufen – Staat, die Kirchen, Diakonie, Zivilgesellschaft aber auch die Wirtschaft.

Muslime aber tragen die Hauptlast in diesem Prozess und diesem Diskurs. Wenn es ihnen nicht gelingt, überzeugende rechtsstaatliche demokratische Varianten eines modernen Staates zu schaffen, dann sind alle Anstrengungen umsonst gewesen. Ein Staat, in dem die Schari'a im Familien-, und Erbrecht bestehen kann und der zugleich anschlußfähig an modernes Völkerrecht bleibt, um international gültige Verträge schließen zu können, ist aber möglich. Dieser Staat kann und muss allein schon wegen des idschma'-Prinzips.

Dazu müssen Muslime aber zunächst ihrem eigenen inneren Streit dringend weniger Aufmerksamkeit widmen als der wachsenden Angst und der steigenden Unmut der Mehrheitsbevölkerungen des Westens über die Greueltaten, die den Namen Gottes so widerwärtig beschmutzen! Sie müssen aufwachen und sich dringend mit diesem Problem auseinandersetzen. Dabei sollten gerade junge Muslime den Mut haben, sich ihr Unwissen einzugestehen und statt vermeintlich einfacher und klarer Lösungen, die allein den „Kafir" die Schuld an allem derzeitigen Übel geben, lieber in Ruhe nachdenken und prüfen, welche Argumente schwerer wiegen und vor allem welche überzeugender sind.

Die Verantwortung für den Niedergang der islamischen Welt ist keine Strafe Gottes sondern ist Konsequenz aus der Intoleranz und der Abschottung, der Ignoranz und der Selbstgenügsamkeit jener, die glaubt oder glauben, sie allein seien die Auserwählten, weil nur sie der richtigen Religion angehören. Doch Ihnen sei gesagt, dass sie nicht die Schrift kennen. Sie haben sich ausgeruht im Schatten eines ehemaligen Giganten. Sie verrieten damit das Ideal des Propheten und den im Qur'an beschrieben Bildungsauftrag des Menschen zum Vernunft begabtem Wesen.

Aktuelle Studien der UNESCO über die arabische Welt belegen seit Jahren, dass das Bildungsniveau in der arabischen Welt erschreckend niedrig ist. Zwar gibt es formal viele Absolventen von Schulen und Hochschulen, doch fehlt es neben praktischen Wissen, vor allem an Allgemeinbildung und Leistungswille. Allein in Saudi Arabien strömen jährlich rund 100.000 Absolventen von Schulen und Hochschulen auf den ohnehin völlig überlasteten Arbeitsmarkt. Infolge dessen liegt die Produktivitätsquote der meisten arabischen Staaten deutlich unter dem der westlichen Industrieländer. Die reichen Ölstaaten beziehen ihren Bedarf an Fachkräften aus dem Ausland. Die Privatwirtschaft lebt von Migranten vor allem aus Asien, die quasi rechtlos sind und nach Ablauf ihres Vertrages das Land verlassen müssen, während junge Saudis, es vorziehen, arbeitslos zu bleiben und dennoch hohe Zuwendungen und großzügige

Sozialleistungen zu beziehen, anstelle niedrig bezahlter Jobs in der Privatwirtschaft anzunehmen. Dort wären sie ohnehin unerwünscht, weil sie als zu wenig „motiviert" gelten.

Welch Ironie, der Vorwurf, dass die westliche Welt zu dekadent geworden und allein schon deswegen zerstört gehöre, nun die „Verteidiger des wahren Glaubens" in unvermuteter Weise selbst trifft. Irgendwann wird auch die Macht des Ölgeldes, das den Konflikt finanziert, verspielt sein. Der Zeitpunkt ist nicht mehr fern. Wenn die Erben der heiligen Stätten und die Menschen aus der Region es bis dahin nicht geschafft haben, ihr Haus – ihr dar as-islam in Ordnung zu bringen, dann wird der Islam erneut in Bedeutungslosigkeit versinken.

Das bedeutet aber: die Menschen dürfen Staat und Glauben allein nicht mehr einem Tyrannen oder dem Militär oder einem Geistlichen überlassen. Muslime müssen sich aktiver als andere am sozialen und politischen Leben beteiligen. Das Recht auf Religionsfreiheit muss garantiert ist, so wie es in den modernen Rechtsstaaten der Fall ist, dann steht auch einem Muslim und seinem Glauben nichts im Wege. Wenn er seine Privatangelegenheiten und seinen Besitz dann noch in im Sinne seines Glaubens regeln kann, worüber muss er sich sonst noch beklagen? Er lebt dann in einem gerechten Staat, wie ihn auch Muslime nach islamischem Völkerrecht tolerieren würden, im Haus der sulh – im Haus des Vertrags. Die islamischen Verbände und ihre Vertreter, vor allem aber die islamischen Theologen in unseren neuen Fakultäten werden wichtige Beiträge dazu leisten, um den Status aller Religionsgemeinschaften, die sich an diesen wichtigen Grundsatz halten, zu verbessern. Doch um echte Gleichheit und Brüderlichkeit zu erreichen, bedarf eines positiven Wettstreits, anstelle einer Diffamierung und Diskreditierung einzelner Persönlichkeiten, sollte die Kraft des besten Argumentes überzeugen - auch untereinander. Es stehen genügend Partner auf allen Seiten prinzipiell bereit, ein neues Kapitel im politischen und religiösen Diskurs und in der Partizipation und Integration aufzuschlagen. Ein gerechter Frieden ist möglich.

If you have any concerns about our products,
you can contact us on
ProductSafety@springernature.com

In case Publisher is established outside the EU,
the EU authorized representative is:
**Springer Nature Customer Service Center GmbH
Europaplatz 3, 69115 Heidelberg, Germany**

Printed by Libri Plureos GmbH
in Hamburg, Germany